발달장애아를 위한 배변 훈련 가이드

배변 훈련

Frank Cicero 저 | 정경미 · 신나영 공역

학지사

역자 서문

  먹고 자고 화장실 가기와 같이 너무 자연스럽게 습득하는 기술은 그에 대해 분석하고 고민할 필요가 없다. 그래서 어떻게 습득하는 것인지에 대한 정보가 많지 않다. 정작 이를 가르쳐야 할 상황이 되면 효과적인 방법에 대한 노하우도 적고 축적된 기술도 많지 않으며, 무엇보다도 이걸 가르친다는 것 자체가 시간과 노력이 무척이나 든다는 사실에 당황하게 된다.

  먹고 자고 화장실 가기는 가장 필수적인 자조 행동이다. 발달장애를 가진 이들과 일해 본 사람이면 누구나 이 기본적인 문제에 대한 중요성을 절실하게 경험하며 구체적인 안내서 혹은 지침서에 목말라한다. 그래서 이 책처럼 "심봤다!"를 외치게 만드는 책을 발견하게 되면 이보다 더 좋을 수는 없다.

발달장애 아이들과 일을 하면서 기운이 다 빠져 일을 놓기 전에 반드시 먹고 자고 화장실 가는 문제를 다루는 좋은 지침서를 소개하겠다는 목표를 세웠다. 운 좋게도 그 결심을 한 지 얼마 되지 않아 먹고 자는 문제를 다루는 훌륭한 지침서를 만났고 이를 번역할 수 있었다(『잘 안 먹는 우리 아이 다루기』, 공역, 시그마프레스, 2009; 『잘 안 자는 우리 아이 다루기』, 공역, 시그마프레스, 2009). 목표 달성이 예상외로 쉬워 흥이 났던 것도 잠시, '화장실 가기' 관련 책을 찾아 헤매기를 7년이 지났다. 능력도 없는데 혹시 이걸 내가 써야 하는 것은 아닌지 두려워하기 시작했을 무렵, 우연히 참석한 학회 세미나에서 너무도 열정적으로 그리고 자신 있게 이 책을 소개하던 저자를 만났다. 차례와 내용을 뒤적였고 주저 없이 낙점했다. 게다가 책은 얇고 쉽기까지 했다.

많은 부모님, 선생님 그리고 치료사분들이 이 책으로 "아하!"를 외치며 안도하길 바란다. 이 책의 도움으로 '혼자서도 잘하는 아이'들이 많이 생기기를 기대한다. 그리고 머지않은 미래에 더 훌륭한 전문가가 더 개선된 프로그램을 소개해 준다면 금상첨화겠다.

육아로 바쁨에도 번역 작업의 주된 역할을 해 준 신나영 선생에게 감사한다. 언제나처럼 우리를 일하게 하는 힘은 이 책이 필요하다고 끊임없이 자극을 주는 동료 치료사들과 우리를 믿고 아이를 맡긴 부모님들이다. 그리고 책이 틀리지 않았음을 몸으로 증명해 주는 예쁜 아이들은 말할 것도 없다. 물론 우리가 보람 있고 잘하는 분야에서 힘써 일할 수 있도록 물심양면으로 도와준 가족의 이

해와 지지는 더 말할 것도 없다. 마침내 자조 시리즈의 방점을 찍은 이 책으로 지금은 안도한다. '드디어 목표를 달성하는구나.' 하고 말이다.

2016년 8월
연세동산에서
역자 대표 정경미

저자 서문

 혼자서 할 수 있는 일은 없다. 이 책에 나와 있는 배변 훈련 절차
에 대한 연구를 진행한 많은 연구자와 임상가에게 감사를 표한다.
방대한 참고문헌은 이 분야의 중요한 성취라 할 수 있다. 배변 훈
련 절차를 더 깊이 있게 이해하기 위해 참고문헌을 살펴볼 것을 권
한다. 1990년대 중반부터 함께 일해 온 AL Pfadt 박사에게 특별한
감사를 전한다. Pfadt 박사는 내게 처음으로 어려운 배변 훈련 사례
에 대해 자문을 해 준 사람이다. 그를 통해 이 분야의 문헌을 살펴
보게 됐고 2002년 게재한 논문에 포함된 절차를 알게 됐다. 앞으로
남은 시간 동안 Pfadt 박사의 동료로서 함께할 것이 기대된다. 또한
이 책을 포함하여 16년간 내 일을 지지해 주고 격려해 준 Eden II
프로그램의 관리자들에게 감사한다. 이뿐만 아니라 오랜 시간 내가

함께 일했던 발달장애 아이들과 그 가족들에게도 감사한다. 그들의 헌신과 노력이 있었기에 절차를 개발할 수 있었고, 그것은 나에게 보상이 되었다.

차 례

Toilet Training Success

01

도입 및 평가

도 입

　여러 가지 다른 일상생활 기술과 마찬가지로 기저귀를 떼는 것은 생활에 큰 변화를 가져온다. 배변 훈련이 되면 독립적으로 일상생활을 할 수 있는 능력과 또래 아이들과 어울릴 수 있는 기회가 현저하게 증가한다. 그러나 배변 훈련은 부모에게 매우 큰 스트레스다. 이 스트레스는 모든 부모가 겪지만 아이가 발달 혹은 행동상의 어려움을 가지고 있을 경우, 더욱 커진다.

　이 책은 발달장애아들이 성공적으로 배변 훈련을 마치는 데 필요한 평가와 치료 방법을 담고 있다. 이 책에서 소개하고 있는 내용은 특정 장애 혹은 특정 연령군이 아닌 배변 훈련에 어려움을 겪고 있는 다양한 집단에 모두 적용할 수 있다. 물론 치료 방법을 적용할 때에는 각 아동의 특성에 맞게 수정·보완하여야 한다. 또한 배변 훈련의 평가와 치료 방법은 장애 유무에 따라 달라지지 않기 때문에 정상 발달 아동에게도 도움이 될 것이다.

　이 책은 배변 훈련을 위한 선행 기술과 평가 절차를 소개한 뒤 소변과 대변 훈련에 대한 정보를 소개한다. 또한 일반화, 유지, 퇴행, 요구하기 훈련과 야간 배변 훈련, 참고문헌과 직접 사용할 수 있는 기록지도 포함한다. 이 책을 처음부터 끝까지 차례대로 읽어도 좋고 필요한 정보가 담겨 있는 장을 그때 그때 골라서 읽어도 좋다.

배변 훈련의 선행 기술

정상 발달 아동의 부모들은 18개월 무렵에 배변 훈련을 시작하여 두 돌이나 세 돌 사이에 아이가 대소변을 가릴 수 있을 것이라 기대한다. 그러나 미국소아과학회(American Academy of Pediatrics)에서는 나이에 따라 배변 훈련의 시작 시점을 정하지 말고 발달상의 준비 정도를 고려해야 한다고 말한다. 따라서 전반적 발달장애를 가지고 있는 아이의 경우는 이보다 더 늦게 배변 훈련을 시작하게 된다. 실제로 발달장애아는 4세 혹은 그 이후까지도 배변 훈련이 끝나지 않는 경우가 종종 있으며 이는 장애의 정도에 따라 달라진다. 부모들은 아이의 발달 정도가 배변 훈련의 성공과 밀접하게 연관되어 있다는 것을 알아야 한다. 부모들은 아이의 배변 훈련을 당장 시작해야 할 것 같은 조급함을 느끼지만 배변 훈련의 선행 기술이 다 갖추어질 때까지 잠시 미뤄 두는 것이 좋다.

배변 훈련이 시작되기 전에 갖추어야 할 선행 기술에는 다섯 가지가 있다. 이 기술이 모두 갖추어지지 않았다면 배변 훈련을 시작하더라도 어려움을 겪거나 성공하지 못할 가능성이 크다. 첫 번째 선행 기술은 아이가 적어도 3분 동안 변기에 혼자서 앉아 있을 수 있는 것이다. 훈련 초반에는 성별에 관계없이 소변과 대변 모두 앉아서 훈련해야 하기 때문에 이것은 필수적이다. 충분한 시간 동안 변기에 앉아 있지 못하거나 꼼지락대든지, 변기 물로 장난을 치든지, 화장지를 말든지, 다리를 휘젓는 등의 행동을 한다면 배변에 방해가 된다. 이러한 선행 조건이 충족되지 않는다면 배변 훈련 이전에 아이에게 이러한 기술을 먼저 가르쳐야 한다. 이는 간단한 행동 프로그램을 통해서 빠르게 가르칠 수 있다. 아이를 변기에 앉히고 타이머의 시간을 맞춘 후(예: 30초), 그 시간 동안 아이가 변기에 잘 앉아 있다면 아이에게 상을 준다. 만약 아이가 변기에서 일어나는 등의 부적절한 행동을 하면 아이를 변기에 앉힌 후 다시 타이머를 작동시키는데 이 때에는 아이에게 상을 주지 않는다. 이 프로그램을 하루에 수차례 반복하여 아이의 행동이 좋아지면 최종 목표인 3분이 될 때까지 시간을 점점 늘린다. 아이가 부적절한 행동 없이 변기에 3분 동안 앉아 있을 수 있다면 다음 단계로 넘어가기 위한 준비가 된 것이다.

두 번째 선행 기술은 아이의 방광 조절 능력이다. 일반적으로 배변 훈련이 성공하기 위해서는 아이가 화장실을 가는 간격이 최소한 1시간 이상이 되어야 한다. 방광 조절 능력을 평가하는 가장

쉬운 방법은 15분마다 기저귀를 확인하여 갈아 주는 것이다. 아이
가 소변을 1시간보다 자주 본다면 소변을 더 참을 수 있을 때까지
배변 훈련을 연기할 것을 권한다. 어린 아기라면 방광이 좀 더 성
숙할 때까지 기다리면 되지만, 나이가 많은 아이라면 방광 조절 훈
련이 필요할 수도 있다. 방광 조절 훈련과 관련해서는 제14장을 참
조하기 바란다.

세 번째 선행 기술은 스스로 옷 입기, 바지 내리기, 화장실로 걸
어가기 등의 기본적인 자조 기술이다. 이러한 기술이 꼭 필요한 것
은 아니지만, 아이가 스스로 화장실을 이용하도록 하는 배변 훈련
의 최종 목표를 매우 빠르게 앞당길 수 있다. 물론 아이가 발달장애
에 지체장애가 있다면 '스스로'의 의미를 다르게 해석해야 한다. 배
변 훈련 전에 자조 기술을 아이에게 먼저 가르치면 매우 큰 도움이
될 것이다.

네 번째 선행 기술은 행동에 상이 따른다는 유관을 이해할 수
있는 아이의 능력이다. 즉, 아이는 부모의 지시를 잘 따르면 상을
받는다는 것을 알아야 한다. 이러한 유관은 배변 훈련을 통해서 배
울 수도 있지만 그 전에 가르치는 것이 훨씬 수월하다. 아이가 유
관을 잘 배울 수 있도록 하기 위해서는 구체적이고 촉진하기 쉬운
행동(예: 박수치기, 블럭을 바구니에 넣기, 문을 향해 걸어가기 등)을 이
용할 것을 권한다. 아이가 부모의 지시에 따라 행동하면 상을 받는
다는 것을 이해하게 되면 배변 훈련을 추가한다.

마지막으로 필요한 선행 기술은 아이에게 방해가 될 만한 문제

행동이 없는 것이다. 발달장애가 있는 아이들은 공격, 떼쓰기, 자해, 상동 행동, 불순응 등의 문제 행동을 보인다. 문제 행동이 심하면 배변 훈련을 진행하기가 어려우므로 이 경우에는 문제 행동의 치료를 우선시해야 한다. 문제 행동이 적당한 수준으로 줄어들면(완전히 없어져야 한다는 것은 아님) 배변 훈련을 시작할 준비가 된 것이다.

배변 훈련을 위한 선행 기술

- 변기에 최소한 3분 이상 앉아 있을 수 있는 능력
- 소변을 보는 주기가 최소한 1시간 이상이 될 수 있는 방광 조절 능력
- 스스로 팬티 내리기와 같은 기본적인 자조 기술의 습득
- 특정 행동과 그에 따르는 보상에 대한 유관 이해
- 공격, 자해 등과 같은 문제 행동을 감당할 수 있을 정도로 줄이는 것

제3장

평가 절차

아이가 대소변을 가리지 못하면 대부분의 사람들은 반사적으로 아이가 대소변 훈련이 되지 않았다고 판단하여 배변 훈련 프로그램 전체를 아이에게 적용하려고 한다. 그러나 이 판단이 잘못된 경우가 있다. 많은 아이가 배변 과정 전체가 아닌 특정 영역에서 어려움을 겪고 있기 때문에 전체가 아닌 부분에 특화된 개입이 필요하다. 종합적인 평가는 배변 훈련의 성공을 위해 필수적인데 평가 절차는 관찰, 자료 수집, 선행 행동에 대한 지식과 개입으로 이루어진다. 정확한 평가는 곧 적절한 개입으로 이어진다.

아이가 한 번도 배변 훈련을 해 본 적이 없고 변기에서 용변을 보는 것을 훈련받지 않아 매일 배뇨 및 배변과 관련하여 실수를 한다면 종합적인 배변 훈련 개입이 필요하다. 이러한 아이들에게 추천할 수 있는 집중적인 배변 훈련 패키지는 '02. 소변 훈련'에서 자세히 다룰 것이다.

　소변을 항상 변기에서 보고 절대 실수를 하지 않을 정도로 완벽하게 가릴 수 있는 반면, 대변은 아직 가리지 못한다면 종합적인 배변 훈련 대신 대변 훈련이 필요하다. 대변 훈련과 관련하여 정확한 계획을 세우기 위해서는 개별적이고도 구체적인 평가가 이루어질 필요가 있다. 이에 대한 보다 자세한 내용은 '03. 대변 훈련'에 소개되어 있다.

　또 어떤 아이들은 일정한 시간마다 어른이 화장실에 데려가면 소변과 대변을 보지만 스스로 대소변을 가리지는 못한다. 이 경우 종합적인 배변 훈련을 다시 할 필요는 없으며 스스로 배변 의사를 표현하는 훈련이 필요한데 이는 '04. 요구하기 훈련'에 나타나 있다.

　경우에 따라서는 대소변을 다 가릴 수 있었던 아이가 갑자기 실수를 하거나 변기에서 소변을 보지 않을 수 있다. 이럴 때에는 퇴행이 나타나는 이유에 따라 특화된 개입이 필요하다. 대변 훈련과 마찬가지로 여기에서도 개별적이고도 구체적인 평가가 요구된다. 치료 전략은 퇴행이 나타나는 원인에 따라 달라져야 하며 어떤 경우에는 종합적인 배변 훈련을 다시 적용해야 한다. 이와 관련하여서는 '05. 퇴행'을 참조하면 된다.

　마지막으로 아이가 낮에는 대소변을 가리지만 밤에 실수를 한다면 야간 훈련 방법을 적용해야 한다. 야간 소변 훈련은 아이가 낮에 대소변을 완벽하게 가릴 수 있을 때만 적용하며 아이가 만 5세가 넘기 전에는 시작하지 않는다. 만 5세 이전에는 생물학적으로 발달이 되어 있지 않아 훈련을 하더라도 실패할 가능성이 크다. 밤중에 소변을 보는 이유에는 여러 가지가 있을 수 있다. 그러므로 우선적으로 평가를 통해 야뇨가 일어나는 패턴을 파악한 후 그에 따라 계획을 세워 치료를 진행한다. 보다 자세한 정보는 '06. 야간 훈련'에서 소개할 것이다.

 평가 절차

평가를 통해 다음의 배변 훈련 프로그램 중 어떠한 것을 적용할지 결정할 수 있다.

- 종합적인 배변 훈련
- 대변 훈련
- 스스로 요청하기 훈련
- 퇴행에 대한 훈련
- 야간 소변 훈련

Toilet Training Success

02

소변 훈련

제4장

훈련을 위한 준비

　종합적인 배변 훈련은 아이가 이전에 대소변 훈련을 받지 않아 소변을 변기에서 보지 않을 경우에 한다. 이런 아이들은 대부분 기저귀를 차고 있거나 배변 팬티를 입고 있다. 평가 결과, 아이가 제2장에서 소개한 배변 훈련을 위한 선행 기술을 모두 가지고 있다면 보다 실제적이고 효과적인 훈련을 준비한다. 발달장애아의 경우 화장실 가는 것에 흥미가 없거나 옷이 젖었을 때 불편함을 표현하지 않는 경우가 많은데 이는 훈련을 하는 데 아무런 상관이 없다. 훈련이 진행되면 아이는 옷이 축축하게 젖지 않게 하려고 할 것이고 변기에서 소변을 보려는 동기를 갖게 될 것이다.

1. 집중적인 치료 vs 덜 집중적인 치료

가장 먼저 해야 할 일은 집중적인 배변 훈련을 진행할 것인가 혹은 덜 집중적인 훈련을 진행할 것인가를 결정하는 것이다. 여기에는 각각 장단점이 있다. 집중적인 치료(제5장 참조)는 환경, 아이의 일과, 자원에 대한 변화가 단기간에 이루어진다. 예를 들어, 모든 훈련은 집 안의 다른 장소나 교실이 아닌 오직 화장실 내에서만 이루어진다. 또한 정확하고도 효과적인 개입이 이루어질 수 있도록 상당한 훈련이 필요하며 매일 8시간가량 훈련자와 아이의 비율이 일대일이 되어야 한다. 훈련의 일관성을 유지하기 위해 훈련자와 관련하여 사전에 준비해야 할 것들도 많다. 반면 이 치료의 가장 큰 장점은 훈련이 빠르게 이루어진다는 것이다. 제5장에 제시되어 있는 것과 같은 집중적인 치료를 하게 되면 발달이 많이 지연되어 있는 아이라도 2~3주 안에 대소변을 가릴 수 있게 된다.

덜 집중적인 치료는 어른이 시간에 맞춰 아이에게 소변을 볼 것을 촉진하는 방법으로, 주변 환경이나 아이의 스케줄에 변화가 없다. 예를 들어, 아이는 학교나 가정에서 원래의 일상생활을 그대로 하고 어른이 아이를 30분마다 화장실로 데려가 변기에서 소변을 보도록 촉진한다. 이때 아이가 변기에서 소변을 보면 상을 준다. 아이가 변기가 아닌 다른 곳에서 소변을 볼 경우에는 무시(예: 단지 아이를 씻기고 옷을 갈아입히기만 함)하거나 벌(예: 과제를 시키거나 실수한

것을 치우도록 함)을 준다. 이러한 방법의 장점은 아이가 일상생활을
그대로 할 수 있다는 것과 훈련자를 준비시키는 데 들어가는 노력
을 최소화할 수 있다는 것이다. 반면 훈련이 되기까지 시간이 많이
걸리고 아이가 스스로 화장실에 가지 않고 스케줄 훈련에만 의존하
게 되는 단점이 있다. 이러한 단점 때문에 대부분의 경우에 제5장
에서 소개되는 집중적인 치료를 추천한다.

2. 집중적인 치료를 위한 준비

1) 훈련자로서의 준비

집중적인 치료를 시작하기 위해서는 먼저 훈련자, 주변 환경, 아
이 모두가 훈련에 필요한 준비가 되어 있어야 한다. 준비가 되어 있
는 상태에서 훈련을 하게 되면 훈련을 보다 성공적으로 마칠 수 있
다. 그중에서도 가장 먼저 훈련자가 준비가 되어야 하는데 '일관되
게 훈련 프로그램을 실시할 수 있는 충분한 자원이 있는가?'에 대해
스스로에게 질문해 볼 필요가 있다.

집중적인 훈련은 일대일로 아이에 대해 감독(슈퍼비전)을 해 줄
수 있는 사람이 있어야 하는데 하루에 몇 시간씩 여러 날에 걸쳐 프
로그램의 절차에 대한 훈련을 받아야 한다. 그러므로 프로그램을
시작하기 전에 이런 준비를 할 수 있는지를 살펴볼 필요가 있다. 또

한 가지 고려해 보아야 할 것은 여러 장소에서 프로그램을 시행할 때 다양한 사람이 제 역할을 해 줄 수 있느냐다. 가장 이상적으로는 아이가 하루를 보내는 모든 장소(집과 학교 포함)에서 훈련이 이루어지는 것인데 이 경우 집과 학교에서 이러한 훈련이 가능할지를 먼저 파악해야 한다. 때로는 유연하게 접근할 필요가 있는데, 예를 들어 학교에서 이런 훈련이 불가능하다면 방학이나 휴일을 이용하여 훈련을 하면 된다. 이상적으로는 하루에 적어도 8시간을 연달아서 훈련을 해야 한다.

훈련자로서의 준비

• 일대일 훈련에 하루에 적어도 8시간씩 투자할 수 있는가?
• 집과 학교 모두에서 훈련을 진행할 수 있는가?
• 여러 장소에서 다양한 훈련자가 프로그램을 진행할 수 있는가?
• 준비가 되기 전까지는 훈련을 미뤄도 좋다는 사실을 잊지 말아야 한다.

2) 주변 환경의 준비

다음으로는 훈련이 이루어질 주변 환경에 대한 준비가 필요하다. 배변 훈련은 화장실이나 화장실에서 가까운 방에서 한다. 여기에는 두 가지 이유가 있다. 첫째, 화장실에 익숙해지는 것이 스스로 화장실을 가게 하는 데 도움이 된다. 둘째, 화장실과의 거리가 가까워야 실수를 했을 때 정정 절차(제5장 참조)를 시행할 수 있다. 가능하다면 화장실에 작은 책상 하나와 의자 두 개(아이용과 훈련자용)를 놓고 훈련 시간 전부를 화장실에서 보내는 것이 가장 좋다. 물론 화장실에서의 활동이나 과제를 다양하게 구성하여 아이가 그곳에서 즐거움을 느끼고 학습의 기회를 잃지 않도록 해야 한다. 화장실에서 시간을 보내는 것이 결코 벌이 되어서는 안 된다. 그 안에서의 시간이 아이에게는 즐거워야 하며 아이를 귀찮게 하거나 피하고 싶은 것이어서는 안 된다. 가능하다면 학교에서는 학습 관련 프로그램을 화장실에서 진행해도 된다.

주변 환경의 준비

훈련이 이루어질 화장실을 다음과 같은 요소로 구성한다.

• 의자 두 개
• 작은 책상(가능하다면)
• 즐거운 활동
• 학습과 관련한 교재와 과제(학교에서 훈련을 할 때)

3) 아이의 준비

세 번째로는 아이가 준비가 되어야 한다. 무엇보다 아이는 훈련 시간 동안 기저귀와 배변용 팬티를 벗고 있어야 한다. 스스로 소변을 볼 수 있는 아이의 경우에만 기저귀를 차게 한다. 훈련 시간 이외에는 기저귀를 차도 상관없다. 소변을 보는 것을 빠르게 알아차리기 위해서 옷은 최소한으로 입히는 것이 좋다. 이상적으로는 아이가 팬티, 티셔츠에 양말 차림일 것을 권한다. 신발은 아이가 실수하는 횟수를 알기 어려워 신기지 않는다. 아이가 속옷 차림으로 있는 것이 곤란하다면 속옷을 입히지 말고 몸에 붙는 연한 회색 트레이닝 바지만을 입힌다. 아이가 소변을 누었는지 **빠르게** 알기 어려운 옷(예: 청바지, 헐렁한 반바지, 긴 셔츠 등)은 피한다.

훈련을 시작하기 전에 아이의 주치의로부터 배변 훈련과 관련한 의학적인 문제는 없는지 확인받는 것이 좋다. 이것이 반드시 필요한 과정은 아니지만 아이가 대소변과 관련해서 이전과 다른 양상을 보인다면 의사의 진료를 먼저 받아 볼 것을 권한다. 아이의 대소변 양상에 변화가 생겼는지는 기초선 자료를 통해 알 수 있다. 아이에게 생리학적인 문제가 있다면 훈련을 시작하기 전에 의사와 상담을 해 보아야 한다.

훈련 절차의 하나로, 아이는 하루 종일 평소보다 많은 양의 액체를 섭취해야 한다. 그래야만 소변을 보는 횟수를 늘릴 수 있기 때문이다. 소변을 더 자주 볼수록 훈련 기회가 그만큼 많아지며 보상의 기회 또한 늘어난다. 훈련을 시작하기 전에 아이가 좋아하는 음료의 종류를 다양하게 준비해야 한다. 다양한 음료가 준비될수록 아이는 더 많이 마시고 싶어 할 것이다. 다만 짧은 기간에 지나치게 많은 양을 한꺼번에 마시는 것은 건강상의 문제를 초래할 수 있으므로 주의해야 한다. 아이에게 적당한 음료 섭취량이 어느 정도인지를 아이의 주치의와 먼저 상의해 보는 것도 좋은 방법이다.

마지막으로 아이가 소변을 변기에서 적절하게 누었을 때 아이에게 줄 보상을 고르는 것이 중요하다. 이 보상은 아이가 소변을 누자마자 줄 수 있는 것이어야 하며 좋아하는 음식, 장난감, 활동(예: 그림 그리기, 게임 등) 등이 될 수 있다. 또한 보상은 아이에게 그것을 얻고 싶어 할 만한 동기를 불러일으키는 것이어야 한다. 이를 위해서는 보상으로 제공할 것을 평소에는 가질 수 없게 제한할 필요가 있다. 예를 들어, 배변 훈련에 대한 보상으로 과자를 주기로 했는데 아이가 매일 점심 식사 후에 간식으로 과자를 먹고 있다면 아이는 과자를 받기 위해 배변 훈련 시 지시에 따르려는 동기가 생기지 않을 것이다. 또한 책처럼 주변에서 흔히 접할 수 있는 것이나 집에서 부모님만이 보여 줄 수 있는 특정한 동영상과 같이 보상으로 제공하기에 제한이 있는 것은 선택하지 않는 것이 좋다.

아이의 준비

- 옷은 최소한으로 입힌다(속옷, 티셔츠, 양말만).
- 의학적으로 문제가 없음을 확인받는다.
- 액체 섭취량을 늘린다.
- 선호도가 높은 보상을 선택한다.

훈련자, 주변 환경, 아이 모두 준비가 됐다면 배변 훈련을 시작해도 된다.

제5장

훈련의 3요소

종합적인 배변 훈련 프로그램은 세 가지 요소로 구성되어 있다. 배변 훈련 스케줄 촉진하기, 요구하는 것 가르치기, 정정하기가 이에 해당한다. 성공적인 훈련을 위해서는 이 세 가지 요소를 동시에 적용하는 것이 필요하다.

1. 스케줄 촉진

배변 훈련 스케줄 촉진은 화장실 사용과 관련한 일과와 행동을 학습하도록 하는 것이다. 이를 통해 성공 기회를 늘려 상을 받을 수 있는 기회 또한 많이 만들어 줄 수 있다. 처음 훈련을 시작할 때에는 30분 간격으로 시작한다. 즉, 30분마다 아이가 화장실에 가게

끔 촉진한다. 타이머를 사용하면 훈련자가 일정한 시간마다 아이를 촉진하는 데 도움이 되는데 30분이 되었을 때 다시 타이머로 새로운 30분을 맞춘다는 것을 잊어서는 안 된다. 타이머는 아이가 화장실을 가도록 하는 단서가 되어서는 안 되며 단지 훈련자가 소변보기로 정한 시간이 되었음을 잊지 않도록 하는 용도로만 사용해야 한다.

정해진 시간이 되면 아이가 일어나서 화장실로 걸어가(거리는 제4장 참조) 팬티를 내리고 변기에 앉도록 촉진한다. 아이의 독립성을 증진시키기 위해서는 언어 촉진을 사용하지 않는 것이 좋다. "화장실 가야지?" "쉬할 시간이야." "팬티 내려." "자, 이제 변기에 앉아." 와 같은 말은 하지 말아야 한다. 언어 촉진은 없애기가 어렵고 아이의 독립성을 길러 주지 못한다. 그러므로 언어 촉진 대신 제스처/신체 촉진을 사용한다. 즉, 아무런 말도 하지 않은 채로 제스처(예: 가리키기)/신체 촉진[예: 보조 지도(manual guidance)]을 이용해서 아이가 화장실에 가고 옷을 벗는 일과를 익히도록 한다. 아이가 이를 따르는 동안 촉진을 최소한으로 사용하는 것이 중요하다. 촉진을 과도하게 사용하면 아이의 독립성이 저해될 뿐만 아니라 때로는 다루기 어려운 행동이나 불순응문제로 이어질 수 있기 때문이다. 시간이 지나면서 아이는 점차적으로 독립적인 기술을 익혀 나가야 하며 촉진은 점차적으로 제거해야 한다.

변기에 일단 앉으면 아이가 최대 3분 혹은 소변이나 대변을 누기 전까지 변기에서 일어나지 않도록 촉진해야 한다. 이때 변기에 앉아 있을 때 아이가 무엇을 해야 하는지를 말해 주는 것이 필요하다 (예: "자, 이제 변기에 쉬 하자."). 여러 차례 말을 반복하여 촉진하지 않도록 한다. 변기에서 소변을 보는 것을 배우기 시작하면 소변을 다 볼 때까지 아무 말도 하지 않는다. 큰 소리로 칭찬하는 것도 소변을 보는 데 방해가 될 수 있다. 소변을 다 본 뒤에는 제스처/신체 촉진을 하여 변기에서 일어나 속옷을 입게 한다. 이 때 아이에게 매우 큰 칭찬(예: "와~ 소변 정말 잘 봤구나!")과 함께 상을 준다. 아이가 변기에서 일어나 속옷을 입는 즉시 상을 주는 것이 아주 중요하다. 약간이라도 상을 주는 시간이 지체되면 성공적인 훈련에 영향을 준다. 손 씻기와 같은 일과는 상과 칭찬을 받은 후에 하도록 한다. 그리고 타이머로 새로운 30분을 맞춰 둔다.

3분 이내 아이가 변기에서 소변을 보지 않으면 언어 촉진 대신 제스처/신체 촉진을 사용하여 아이를 변기에서 일어나 옷을 입게 한다. "소변 안 봤네."와 같이 간단한 언급만 하고 칭찬이나 상은 주지 않은 상태로 타이머로 다시 30분을 맞춘다. 아이가 소변을 볼 것만 같아서 소변보기로 정해진 시간을 초과해 아이를 변기에 앉히거나 정해진 시간보다 더 자주 화장실에 데려가지 않는다. 아이가 소변을 보고 싶어 하는듯한 표시(신체적 움직임, 스스로 잡고 있기 등)를 해도 정해진 시간 외에는 화장실에 데려가서는 안 된다. 실수하는 것도 훈련의 매우 중요한 부분(40쪽 참조)이므로 이를 피하려고 해서는 안 된다. 물론 아이가 스스로 화장실에 갈 것을 요구하면 즉시 화장실에 데려 가고 소변을 보면 상을 준다.

훈련기간 동안에는 필요에 따라 스케줄을 조정할 수 있는데 이는 객관적인 자료에 근거해야만 한다. 이와 관련해서는 제6장에 잘 나와 있다.

 배변 스케줄

- 타이머를 30분으로 맞춘다.
- 제스처/신체 촉진만을 이용해 아이를 변기로 가도록 촉진한다.
- 언어 촉진은 사용하지 않는다.
- 변기에 3분간 앉아 있게 한다.
- 소변을 보면 상을 주고 칭찬을 해 준다.
- 소변을 보지 않으면 제스처/신체 촉진을 통해 변기에서 일어나도록 한다(칭찬이나 상은 주지 않는다).
- 타이머로 새롭게 30분을 맞춘다.

2. 요구하기 훈련

훈련 프로그램의 두 번째 요소는 스스로 화장실 가기를 요구하게 가르치는 것이다. 모든 아이들이 요구하기를 배울 수 있는 것은 아니지만 이 단계를 제외해서는 안 된다. 집에서는 화장실에 마음대로 갈 수 있기 때문에 요구하기가 그렇게까지 중요한 기술이 아닐 수 있지만 특히 학교나 복지관에서처럼 마음대로 화장실에 가

지 못하는 장소에서 아이가 독립성을 갖게 만드는 데 중요한 기술
이 된다.

우선 아이에게 가장 기능적이고 쉬운 의사소통 방식이 무엇인지
를 결정해야 한다. 언어(예: "화장실" "쉬쉬"), 그림 교환, 수화, 사물
교환 중 아이에게 익숙한 방식을 선택하는 것이 가장 좋다. 아이가
원하는 것이나 필요로 하는 것이 있을 때 어떻게 하는지 생각해보
라. 아이에게 너무 어려운 방식은 선택하지 않는다. 요구를 하지 못
하는 아이라면 그림 교환 방식을 가르치는 것이 가장 쉽다.

요구하기는 정해진 시간이 되었을 때 이를 촉진(35쪽 참조)하면
서 가르치는데 (타이머가 울렸을 때) 화장실로 가기 전에 선택한 의
사소통 방식을 이용하여 요구하도록 촉진한다. 언어로 요구하는
것을 가르칠 때에는 요구하는 말이나 구절을 따라하도록 촉진하고
비언어적인 요구 방식(예: 그림, 수화 등)을 가르칠 때에는 언어 촉
진을 하지 않고 제스처/신체 촉진만을 이용한다. "화장실 갈 시간
이야." 나 "뭘 하고 싶어?"와 같은 말을 해서는 안 된다. 이는 촉진
에 의존하게 만들고 독립적으로 배변하는 데 방해가 된다. 타이머
가 울리면 요구를 하도록 아이를 촉진한다. 요구하기를 촉진한 후
에는 "아~ 화장실 가고 싶다고?"와 같은 자연스러운 말로 언급 해
주고 38쪽(배변 스케줄)에서 설명한대로 바로 화장실에 가도록 촉
진한다. 화장실에 가는 스케줄마다 요구하기 훈련을 시행하는 것
은 매우 중요하다.

훈련 초반의 며칠 동안은 촉진에만 의존해 화장실에 가고 싶다고

요구할 수 있다. 그러나 아이가 요구하는 방법을 배우기 시작하면 독립적인 요구하기가 나타날 것이다. 어떤 형태로든 독립적으로 요구를 하면 즉시 변기로 데려가고 소변을 보면 보상을 준다. 독립적으로 요구하는 것이 점차 많아지면 서서히 스케줄을 없앤다. 스케줄을 서서히 없애고 중단하는 방법과 관련해서는 제6장의 자료 분석을 참고하면 된다.

요구하기 훈련

- 적절한 의사소통 방법을 선택한다.
- 스케줄에 맞춰 화장실에 데려갈 때 촉진한다.
- 언어적 촉진은 하지 않는다.
- 어떤 형태로든 스스로 요구하고 소변을 보았다면 보상을 제공한다.

3. 실수 정정

배변 훈련에 성공하려면 소변 실수가 발생했을 때 잘 대처하는 것이 중요하다. 실수 정정(예: 새로운 옷으로 갈아입도록 함)에 대한 방법을 포함하지 않으면 배변 훈련에 성공할 수 없거나 성공을 하기까지 시간이 많이 걸린다. 실수 정정은 아이에게 화장실에 갈 것을 독립적으로 요구하고 싶은 동기를 불러일으킨다. 배변 스케줄이 어떻게 화장실을 가는지에 관한 일과를 알려주는 것이라면 실수 정정은 언제 화장실에 가는지를 알려주는 것이다.

많은 배변 훈련 프로그램에서 실수는 벌로 다룬다. 벌은 아이 자신과 훈련 장소를 깨끗하게 하기(과잉 정정), 운동 일과에 참여시키기(조건부 운동), 타임아웃 실시하기, 좋아하는 장난감이나 물건 뺏기(반응대가) 등 다양한 형태로 주어진다. 벌은 시간과 장소의 제약이 있고 특정한 경우에 쓰이지만 요즘의 치료 프로그램은 실수 정정을 위한 대안적인 전략으로 벌을 사용한다.

성공적인 정정이 되려면 실수가 발생했음을 2초 이내에 알아차리는 것이 중요하다. 훈련하는 동안 아이에게 옷을 최소한으로 입히고 실수를 빠르게 알아차리기 어려운 옷(제4장 참조)을 입히지 않도록 하는 것이 중요한 이유가 바로 여기에 있다. 만약 실수의 시작을 바로 알아차리지 못해 정정을 하지 못했다면 기대하는 효과를 얻기 어렵다. 즉시 정정을 하기 위해서는 훈련하는 내내 아이의 속옷의 상태를 살펴야 하고 훈련자는 언제든지 실수에 대처할 준비가 되어 있어야 한다. 아이가 소변을 보려고 할 때 나타내는 신체적인 표시를 알고 있는 것도 도움이 된다. 이 표시는 언제 실수가 발생할 것인지를 알려 주는 가이드라인이 된다.

실수가 발생하면 즉시 크고 빠른 목소리로 '깜짝 놀라게 하는 말'을 한다. 깜짝 놀라게 하는 소리는 일시적으로 소변을 멈추게 하는 효과를 지닌다. 야단을 치는 듯한 어조가 아니라 깜짝 놀라게 하는 어조로 하는 것이 중요한데 예를 들어, "얼른 얼른, 쉬 쉬"와 같이 분노나 실망이 아닌 긴급하고 서두르는 듯한 느낌을 전달하면 된다. 사실 야단치는 어조는 훈련에서 필요로 하는 소변을 멈추게 하는 효과가 없다. 깜짝 놀라게 하는 말을 하고 난 후에는 즉시 신체촉진을 통해 아이를 화장실로 데려간다. 이 때는 가능한 한 빨리 아이를 변기로 데려가야 한다. 요구하기를 촉진하거나 제스처 촉진을 할 시간이 없다. 소변 줄기가 일시적으로 멈춘 것이므로 몇 초 이내에 다시 소변을 볼 가능성이 높다.

깜짝 놀라게 하고 빠르게 신체 촉진을 하여 화장실에 가도록 하는 목적은 실수를 훈련의 기회로 만들기 위함이다. 변기에 앉으면 차분하게 아이를 격려하여 끝까지 소변을 보도록 한다. 스케줄 훈련에서처럼(35쪽 참조) 변기에서 소변을 보면 아이는 보상을 받는다. 처음 시작이 실수였어도 보상을 준다. 깜짝 놀라게 하는 말을 하고 아이가 변기에 앉고 난 뒤에는 실수에 대해 아무 말도 해서는 안 된다. 만약 3분이 지나도 다시 소변을 보지 않으면 스케줄 훈련에서 하는 것처럼 변기에서 일어나도록 한다. 이 때에는 상을 주거나 칭찬을 하지 않는다.

긍정적인 면을 생각하라. 이 프로그램은 실수를 훈련의 기회로 삼는 것이지 실패를 처벌하는 것이 아니다. 훈련을 시작할 때 실수는 계획의 일부로 꼭 필요하다. 실수가 없으면 언제 화장실을 가겠다고 요청해야 하는지를 이해하지 못할 수도 있다.

소변을 다 볼 때까지 실수한 것을 훈련자가 알아차리지 못할 수도 있는데 이럴 때에는 행동에 대한 결과를 주지 말고 그저 옷을 갈

아입히고 중립적인 태도를 유지해야 한다. 실수를 통해 배우지 못한 것은 훈련자의 잘못이지 아이의 잘못이 아니다. 훈련자는 훈련 기간 동안 조금도 방심하지 말고 더 유심히 관찰해야 한다.

실수 정정

- 항상 아이의 속옷의 상태를 주의 깊게 살핀다.
- 실수가 시작되면 즉시 큰 소리로 깜짝 놀라게 한 후 신체 촉진을 이용하여 화장실로 데려간다(소변 줄기를 멈추게 함).
- 변기에서 소변을 보도록 격려한다.
- 변기에서 소변을 보면 칭찬을 하고 보상을 준다.
- 3분 이내에 변기에서 소변을 보지 않으면 변기에서 내려오도록 촉진한다(보상을 주지 않는다).
- 또 실수를 하지 않는지 속옷의 상태를 계속해서 살핀다.

제6장

자료 분석, 일반화 그리고 유지

1. 자료 수집 및 분석

응용행동분석에 기반을 둔 다른 치료와 마찬가지로 어떤 치료를 할 것인가에 대한 결정을 내릴 때에는 반드시 객관적인 자료를 수집하고 이를 분석하는 과정을 거쳐야 한다. 객관적인 자료를 수집하지 않으면 잘못된 치료 결정을 할 가능성이 있다. 실수하는 빈도, 스스로 화장실에 갈 것을 요구한 빈도, 소변을 보기로 정해진 시간에 따라 촉진하였을 때 성공적으로 소변을 본 확률의 세 가지 자료를 수집한다. 치료 결정은 이 세 가지 요소의 패턴을 분석하여 내려야 한다. 자료는 훈련 시작과 함께 매일 수집하고 분석해야 한다. 가능하다면 자료는 그래프로 그리는 것이 좋은데 이렇게 하면 패턴을 파악하는 것이 더 쉬워진다.

자료 수집의 첫 번째 요소는 실수 빈도다. 실수 빈도란 훈련이 이루어지는 하루 동안 아이가 실수를 한 총 횟수를 말한다. 여기에서 실수란 변기가 아닌 곳에서 소변을 보는 것을 의미한다. 실수는 치료 계획을 세우는 데 있어 매우 중요한데 훈련이 시작되는 첫째 날에는 여러 번 실수할 수 있다. 훈련 첫 주에 아이가 한 번도 실수하지 않으면 더 많은 음료수를 준다. 그래도 실수하지 않으면 30분의 정해진 시간 간격을 45분 내지 1시간으로 늘린다. 둘째 주에는 실수의 빈도가 감소해야 한다. 둘째 주에도 계속해서 실수가 많으면 소변을 보기로 정해진 시간 간격을 다시 30분으로 줄이고 액체 섭취량도 보통 수준으로 줄이도록 한다. 실수를 했을 때 제5장에서 소개했던 정정 절차는 계속해서 실시한다.

자료 수집의 두 번째 요소는 스스로 요구하기의 빈도다. 즉, 아이가 촉진 없이 자신의 의사소통 방법을 사용하여 화장실에 가고 싶다고 몇 번이나 요구했는지를 말한다. 아이가 스스로 요구를 하여 화장실에 간 후 실제로 변기에서 소변을 본 것을 요구로 기록한다. 요구가 하루에 한 번 이상 꾸준하게 기록된다면 정해진 시간의 간격을 1시간으로 늘린다. 이렇게 하면 실수가 일시적으로 증가할 수 있는데 이때에는 제5장에 제시된 정정 절차를 시행하면 된다. 실수가 대폭 줄고 요구가 많이 나타나면 스케줄에 맞춰 촉진하는 대신 화장실에 가고 싶다고 요구할 때에만 화장실에 데려가면 된다. 그러나 아이가 스스로 요구를 했더라도 변기에서 소변을 보지 않았다면 칭찬을 하거나 보상을 제공해서는 안 된다. 실수를 거의

하지 않고, 스케줄 촉진 없이 스스로 요구할 때마다 화장실에 가는 것이 지속적으로 관찰되면 일반화 및 유지 계획을 실행한다.

자료 수집의 세 번째 요소는 스케줄대로 촉진하였을 때 성공적으로 소변을 보는 비율이다. 성공률은 변기에서 성공적으로 소변을 본 횟수를 정해진 시간에 따라 화장실에 가도록 촉진한 전체 횟수로 나눈 뒤 100을 곱한 것을 말한다. 이상적으로는 성공률이 약 80%가 되어야 한다. 80% 미만이면 너무 실패가 많다는 것이며 아이는 화장실 방문 횟수보다 적게 소변을 본 것이다. 이러한 경우 배변 훈련의 진행이 더딜 수 있으므로 액체의 섭취량을 늘리거나 정해진 시간을 45분 내지 1시간으로 조정해서 성공률이 약 80%가 되도록 한다.

자료 수집

다음과 같은 자료를 매일매일 수집한다.

- 실수 빈도
- 스스로 요구하는 빈도
- 소변보기로 정해진 시간에 촉진 시 소변을 보는 비율

1) 일반화

실수를 거의 하지 않고 스스로 요구를 하며 정해진 시간에 촉진을 더 이상 하지 않아도 되면 일반화를 할 때가 된 것이다. 우선 아

이 옷을 평상시처럼 입힌다. 아이에게 바지를 입히고 아이가 혹시라도 실수를 하지는 않는지 가까운 곳에서 유심히 관찰해야 한다. 아이가 실수를 하면 정정 절차를 시행하고, 성공을 하면 보상을 제공한다. 자료를 살펴보았을 때 아이가 매일 옷을 입고서도 성공을 하고 있다면 일반화 계획의 두 번째 단계로 넘어간다. 두 번째 단계는 액체 섭취량을 보통 수준으로 줄이는 것인데 그렇게 하면 소변을 보는 횟수 또한 감소할 것이다. 다음 단계는 화장실이 아닌 다른 장소에서 훈련을 하는 것이다. 당장 화장실에서 떨어진 다른 방에서 훈련을 할지 혹은 점차적으로 다른 방으로 이동할지는 아이가 얼마나 빠른 진전을 보이느냐에 따라 달라진다. 두 경우 모두 정정 절차를 시행하고 보상도 제공한다. 마지막 단계는 아이가 변기에서 소변을 볼 때마다 보상을 제공하는 것을 그대로 유지하되 아이를 본래의 일상생활로 돌아가게 하는 것이다.

일반화 절차를 시행할 때는 다음과 같은 사항을 염두에 두어야 한다. 자료 수집은 훈련이 완전히 끝날 때까지 계속해야 한다. 아이가 요구를 할 때 그림이나 물건을 교환하는 방법을 사용한다면 그림이나 물건이 어느 곳에서나 쉽게 구할 수 있는 것이어야 한다. 또한 아이가 다른 사람의 도움 없이 쉽게 입고 벗을 수 있는 옷을 입고 있는 것이 좋다. 배변 훈련이 끝나면 자동차나 버스 타기, 여가 활동 등 다른 환경으로 확장한다. 다른 환경에서도 소변을 잘 가릴 수 있도록 하기 위해서는 추가적으로 동기 유발을 위한 시스템이나 아이에게 화장실을 가도록 상기시킬 만한 요소가 필요할 수 있다.

또한 손을 씻고 물기를 닦는 것과 같은 배변과 관련한 다른 행동들
도 독립적으로 할 수 있도록 연습이 필요하다. 이러한 기술은 다른
것과 마찬가지로 응용행동분석을 이용한 조형법과 강화를 통해 가
르칠 수 있다.

2) 유지

배변 훈련이 일반화되면 잘 유지되게 해야 한다. 성공했을 때 보
상을 제공하는 것은 유지를 위해 매우 중요하므로 함부로 그만두어
서는 안 된다. 배변 훈련이 완료되었다 하더라도 한동안은 계속해
서 보상을 제공해야 한다. 이때 특정 기간이 정해져 있는 것은 아
니며 아이가 그것을 어떻게 학습해 왔는지를 살펴보는 것이 필요하
다. 더 이상 보상을 제공하지 않기로 결정했더라도 점차적으로 줄
여 나가는 것이 중요하다. 우선 보상의 강도를 서서히 약화시키는
것부터 시작하라. 예를 들어, 아이가 변기에서 소변을 보고 나서 사
탕 5개를 받았다면 다음에는 3개, 그 다음에는 1개를 받는 식으로
서서히 줄여 나간다. 보상의 강도를 줄인 다음에는 매번 보상을 제
공했던 것과는 다르게 한 번 걸러 한 번씩 보상을 제공한다. 이때
보상은 제공하지 않더라도 언어적인 칭찬은 계속해서 해 주어야 한
다. 그러고 나서는 세 번의 성공마다 보상을 제공한다(칭찬은 계속해
서 함). 이렇게 해서 보상을 완전히 제거하며, 궁극적으로는 아이가
완전한 독립성을 갖출 수 있도록 칭찬도 하지 않는다. 퇴행이 일어

나면 다시 보상을 제공해야 하며 앞서 설명한 것처럼 서서히 줄여
나가도록 한다. 퇴행은 주로 보상을 너무 빠르게 중단했을 때 나타
난다.

유지 단계에서는 아이가 주기적으로 화장실을 가도록 상기시켜
주어야 하며 실수를 할 것 같은 움직임이 보이면 화장실에 갈 것을
촉진해야 한다. 또한 성공을 하든 실수를 하든, 자료는 계속해서 수
집해야 한다. 언제부터 보상을 제공하지 말아야 하는지, 언제부터
기록을 하지 않을 것인지에 대해 정해진 기준은 없다. 이는 아이의
학습 이력을 고려하여 판단해야 한다.

Toilet Training Success

03

대변 훈련

문제에 대한 평가

1. 기초선 구하기

모든 대변 훈련의 첫 단계는 기초선 구하기다. 기초선이란 치료가 시작되기 전에 수집된 자료를 의미하는데, 이는 어떠한 배변 훈련이 가장 필요한지를 결정하거나 훈련 시간을 하루 중 언제로 하는 것이 좋을지를 결정하기 위해 필요하다. 하루 종일 훈련을 할 수 있는 소변 훈련과 달리 대변 훈련은 아이가 대변을 보려고 하는 시간에만 이루어질 수 있다. 수집된 자료의 패턴을 분석하기 위해서는 적어도 2주 정도의 자료를 수집해야 한다. 기초선 자료에는 날짜, 시간, 장소를 기록해야 하며 대변을 볼 때마다 하는 특정한 행동이 있다면 그것도 같이 기록해야 한다.

대변 훈련을 위한 기초선 자료

• 훈련을 시작하기 전 2주 동안 수집한다.
• 훈련을 위해 수집된 자료의 패턴을 파악한다.
• 자료에는 다음과 같은 사항을 포함해야 한다.
　－대변을 본 날짜
　－대변을 본 시간
　－대변을 본 장소
　－대변의 양상
　－대변을 볼 때 나타나는 특정한 행동

2. 문제 분석하기

소변 훈련은 특정한 기술을 습득하면 되는 경우가 많지만 대변 훈련은 이와 다르다. 치료 계획을 세우기 이전에 현재 대변 훈련에서 어떤 문제가 있는지를 파악해야 하는데 이러한 평가 결과를 바탕으로 치료 계획을 수정한다. 대변 훈련이 잘 되지 않는 이유는 다음과 같다(각각의 원인에 대한 보다 세부적인 치료 계획은 제8장에 설명되어 있다).

1) 기술 부족

어떤 경우에는 아이가 변기에서 대변을 보는 것을 배우지 못했거나 소변은 가릴 수 있지만 이를 대변으로 일반화하지 못했기 때문일 수 있다. 나이가 어린 아이들일수록 이런 경우가 많다. 이 경우에는 일반적인 대변 훈련 프로그램을 진행한다.

2) 생리학적 문제

어떤 경우에는 의학적인 문제로 인해 훈련이 어렵다. 식이 요법, 만성적인 변비, 변 매복, 만성적인 묽은 변, 배변과 관련한 근육 조절 능력 부족, 기타 질병(예: 크론병) 등이 이에 해당한다. 대부분 이런 문제들은 기초선을 구하는 과정에서 파악이 된다. 대변을 지나치게 자주 혹은 드물게 보거나 지속적으로 묽거나 단단한 변을 보거나 고통스러워하는 움직임을 보이거나 하는 모습에서 이를 알 수 있다. 이 경우 위장관에 대한 전반적인 검사를 해야 하며 의학적인 치료가 먼저 이루어져야 한다. 대변 훈련은 의학적인 치료가 완전히 끝난 후에 시작한다.

3) 불순응

어떤 아이들은 어른에 대한 불순응 때문에 변기에서 대변을 보지 않는다. 이 경우 대변 실수를 '실수'가 아닌 응용행동분석을 이용하여 행동 계획에 따라 수정해야 할 목표 행동으로 간주한다. 배변과 관련한 불순응을 나타내는 아이들은 학습 상황, 수면, 식이와 같은 다른 영역에서도 불순응을 보인다. 이 경우에는 배변 훈련 대신 불순응에 대한 행동치료가 필요하다.

4) 배설에 대한 공포

언어 능력에 제한이 있는 아이들에게서 이를 평가하는 것은 어려움이 있지만, 어떤 아이들은 변기에서 대변을 보는 것을 무서워한다. 무서운 상황을 피하기 위해서 아이들은 자신이 편안함을 느끼는 다른 장소에서 대변을 본다. 불순응 문제와 마찬가지로 이 경우에도 배변 훈련보다는 행동심리학에 기반을 둔 행동치료가 필요하다.

5) 의식적 패턴

자폐성 장애를 가진 아이들뿐만 아니라 정상 발달 아이들의 경우에도 자신의 의식이나 일과의 변화를 싫어해 화장실이 아닌 곳에 대변을 보려고 한다. 이 역시 불순응, 배설에 대한 공포의 문제와 마찬가지로 대변 실수를 '실수'로 보지 않는다. 대변을 보는 것이 선호하는 일과가 되어 이를 계속하도록 응용행동분석에 기반을 둔 행동치료를 해야 한다.

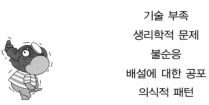

문제에 대한 평가
기술 부족
생리학적 문제
불순응
배설에 대한 공포
의식적 패턴

3. 치료 전 의학적 검사하기

특별히 생리학적인 문제가 없다 하더라도 대변 훈련을 시작하기에 앞서 소아과를 찾아 검사를 받게 하는 것이 필요할 수 있다. 이는 치료 계획을 세우고 실행할 때 의학적인 문제를 고려하기 위해서 필요하며 변비와 변 매복과 관련하여 진단이 안 되는 문제들을 알아내는 데도 도움이 된다.

제8장

기술 부족

대변을 실수하는 이유가 훈련이 되지 않아서라면 응용행동분석 (특히 정적 강화와 처벌)에 기반을 둔 일반적인 배변 훈련 프로그램이 효과적이다. 매일매일 여러 차례 강화의 기회가 있는 소변 훈련과 달리 대변 훈련에서는 하루에 1~2회의 기회만 있기 때문에 화장실 에서 대변을 보면 강화를 하고, 실수를 줄이기 위해서는 처벌을 사 용할 것을 권한다.

첫 번째 단계로 훈련을 진행할 시간을 정해야 한다. 이는 기초선 자료를 분석한 결과를 근거로 하여 결정한다. 하루 중 대변을 보는 시간대를 찾고 그로부터 30분 전에 훈련을 시작한다. 주말에는 주 중과 다른 패턴이 나타날 수 있음을 명심해야 한다. 대변 훈련은 아 이가 변기에서 대변을 보거나 실수를 할 때까지 진행한다. 드물지 만 아이가 대변을 계속해서 참는 경우에는 잠잘 준비를 하기 전까지 실시한다. 이때 아이가 변비가 있는지를 잘 살펴야 한다. 만약 아이가 3~4일간 대변을 보지 않는다면 훈련을 중단하고 규칙적으로 배변이 이루어질 때 다시 훈련을 시작한다.

두 번째 단계는 변기에서 대변을 보았을 때 매우 큰 보상을 제공하는 것이다. 대변은 자주 보지 않기 때문에 보상은 매우 강력해야 하고 영화나 여행처럼 지속 시간이 길어야 한다. 이러한 보상은 성공적으로 대변을 보았을 때만 줘야 한다.

기초선 자료를 기반으로 하여 아이가 대변을 볼 것으로 예상되는 시간 10분 전에 아이를 화장실로 데려가는 것도 훈련의 일부다. 아이를 촉진하여 변기에 앉히고 부드러운 말투로 대변을 볼 것을 지시한다. 아이에게 친숙한 말을 사용해야 하며 말을 잘 못하는 아이의 경우에는 대변을 보는 그림을 이용하여 촉진한다. 화장실에 보상으로 제공할 것(혹은 그 사진)을 가져가서 아이가 변기에 대변을 누면 이것을 받게 될 것이라고 말해 준다. 약 10분간 아이를 변기에 앉혀 둔다. 대변을 보면 크게 칭찬하며 보상을 제공한다.

10분이 지나도록 아이가 대변을 보지 않는다면 화장실에서 나와 10분간 쉬는 시간을 준다. 쉬는 시간 10분 동안 아이가 대변 실수를 하면 처벌 절차를 시행하고 옷을 갈아입게 한다. 처벌 절차는 아이에게 맞게 개별화하여 실시하되 지나치게 가혹한 방법은 사용하지 않는다. 신체적으로 고통을 주거나 불편감을 주는 처벌은 사용하지 않는다. 효과적인 처벌의 예로는 자신의 옷 빨래하기, 운동하기, 학습 과제 완료하기, 청소하기, 벽 모서리에서 타임아웃하기, 아이가 좋아하는 물건 뺏기 등이 있다. 처벌을 줄 때는 감정적으로 반응해서는 안 되고 말로 질책하는 것도 좋지 않다. 차분하고 중성적인 태도로 간략하게 해야 한다. 아이에게 소리를 지르거나 굴욕감을 주거나 협박을 하거나 대변을 실수한 것에 대해 계속해서 이야기하거나 너무 오래 이야기하는 것은 피한다.

10분 스케줄 절차는 아이가 변기에서 대변을 보거나 실수를 하거나 자기 전까지 계속한다. 그리고 아이가 대변을 항상 변기에서 볼 때까지 매일 계속한다. 자료는 매일 수집하여야 하며 이를 바탕으로 치료 계획을 수정해 나가야 한다.

제9장

불순응

불순응에 대한 치료에는 제8장에 제시한 강화-처벌 절차가 있다. 보다 효율적인 치료를 위해 아이가 이미 가지고 있던 것을 제한하여 보상에 대한 욕구를 더욱 강하게 만들어 줄 필요가 있다. 예를 들어, 현재 아이가 매일 DVD를 마음껏 볼 수 있다면 변기에서 대변을 누었을 때에만 볼 수 있는 것으로 바꾸는 것이다. 일상의 활동들이 방해를 받게 되면 불순응 문제는 없어질 것이다.

또 다른 방법은 좌약이나 관장제 같은 의학적인 도움을 받아 행동치료를 하는 것이다. 이 방법은 앞서 언급한 방법이 효과가 없을 때 사용하는 집중적인 치료 방법이다. 이 경우 좌약이나 관장제의 적정 용량에 대한 조언, 처방전 발행 등 소아과 의사와의 협력이 반드시 필요하다. 또한 두 사람이 함께 훈련을 진행하는 것이 도움이 되는데, 특히 관장의 경우가 그러하다. 시행 절차는 다음과 같다.

우선 아이를 화장실로 데려가 변기에 앉힌다. 제8장에 제시된 강화—처벌 절차에서처럼 매우 강력한 보상이 필요하다. 아이에게는 변기에서 대변을 보면 이 보상을 얻게 될 것임을 알려 주고 10분간 변기에 앉아 있게 한다. 10분이 지나면 "대변 안 봤네."라고 말하면서 아이를 화장실에서 내보낸다. 아이가 쉬는 시간 동안 실수를 하지 않도록 가까이에서 감시한다. 10분이 지나면 화장실로 다시 가서 10분 동안 앉혀 둔다. 이러한 과정을 거치는 동안 아이가 변기에 대변을 누면 크게 칭찬해 주고 보상을 제공한다.

두 번째 기회에도 아이가 대변을 보지 않으면 "자, 엄마(혹은 아빠)가 조금 도와줄게."라고 말하며 변기에서 일어나게 하고 좌약을 넣는다. 약 10분 후 다시 아이를 화장실로 데려가 위의 절차를 반복한다. 한 번 좌약을 삽입한 후 두 차례 시도를 한다. 성공하면 역시 크게 칭찬하고 보상을 제공한다.

4번의 시도(좌약 없이 2번 + 좌약 넣고 2번)에도 대변을 보지 않으면 "엄마(혹은 아빠)가 지금 대변을 누도록 해 줄게(아이에게 친숙한 말을 사용한다)."라고 말하고 변기에서 내려오게 한 후 관장제를 넣는다. 그러고는 아이를 당장 화장실로 가게 하고 대변을 눌 때까지 변기에 앉힌다(필요한 경우 붙잡아 준다). 이때 대변을 보게 되면 칭찬은 하되 보상은 제공하지 않는다. 대신 "내일 이러한 도움 없이 너가 대변을 누면 ○○를 줄게."라고 말한다.

대변 훈련이 성공할 때까지 혹은 소아과 의사가 치료를 중단하라

고 할 때까지 매일 이 절차를 반복한다. 이 방법은 매우 **빠르게** 성
공하는 것으로 알려져 있다. 이때에도 자료는 매일 수집해야 하고
치료 계획은 이를 바탕으로 수정해야 한다.

제10장

배설에 대한 공포

말을 잘 하지 못하는 아이들이나 자신의 감정 상태에 대한 인식이 부족한 아이들의 경우에는 배설에 대한 공포를 가지고 있는지를 파악하기가 쉽지 않다. 만약 아이가 어느 정도의 수용 언어가 가능하다면 공포를 줄여 주기 위해 화장실에 가서 변기에 앉는 것과 관련한 이야기를 들려주는 것도 도움이 된다. 겪은 이야기를 들려줘도 좋고 아이에게 맞는 이야기를 지어내도 좋으며 서점에 가서 배변과 관련한 동화책을 사도 좋다. 처음에는 아이가 편안해하는 시간에 하루에 한 번 이야기를 읽어 준다. 그리고 화장실에 가기 전에 이야기를 읽어 준다. 이전에 소개된 치료와 마찬가지로 여기에서도 아이가 성공을 하면 받게 될 보상을 선택한다. 이 경우에는 처벌 절차는 사용하면 안 된다. 이는 오히려 아이의 공포와 회피 행동을 증가시킬 위험이 있기 때문이다.

또 다른 방법으로는 팬티형 기저귀나 속옷을 입은 채로 변기에 앉히기 시작해 변기에 앉는 것을 서서히 적응시키는 것이 있다. 그렇게 해서 성공을 하게 되면 차차 기저귀나 속옷을 벗기면 된다. 만약 아이가 휴대용 어린이 변기를 편안해 하면 그걸로 시작하는 것도 방법이다. 대변 누는 것을 성공하면 언제든지 보상을 제공한다.

공포가 심한 경우에는 인지행동치료사의 조언과 도움이 필요할 수 있다. 아이의 공포를 줄여 주고 아이가 변기에서 점차적으로 대변을 눌 수 있도록 하는 데 도움을 받을 수 있다.

제11장

의식적 패턴

기초선 자료를 살펴 아이가 배변과 관련하여 의식적인 행동의 패턴이나 일과를 가지고 있는지 확인한다. 이는 자폐스펙트럼장애를 가진 아이들에게서 빈번하지만 정상 발달 아이들이나 다른 발달장애 아이들에게서도 나타난다. 이 장에서는 아이의 일과를 변기에서 대변을 보는 것으로 천천히 바꾸어 변비를 없애는 방법을 소개한다.

첫 번째로 기초선 자료를 바탕으로 아이가 선호하는 일과가 무엇인지를 파악해야 한다. 아이가 언제, 어디에서 대변을 보는지, 대변을 볼 때 꼭 특별한 옷이나 팬티형 기저귀를 입고 있는지 등을 주의 깊게 관찰한다. 아이의 패턴이 확인되면 아이가 점차적으로 변기에서 대변을 볼 수 있도록 단계적인 치료 계획을 세운다. 또한 보상을 선택하고 적절하게 대변을 보았을 때 칭찬과 함께 이를 제공한

다. 치료 단계는 각 아이의 일과에 맞게 세우기 때문에 정형화된 단
계가 있는 것은 아니다. 아래에 소개된 치료 단계는 하나의 예시다.
각 단계마다 아이가 대변을 볼 수 있도록 촉진하는 것을 잊지 말아
야 하며 성공을 하면 보상을 제공해야 한다. 아이가 한 단계에서 여
러 날에 걸쳐 성공을 하게 되면 다음 단계로 넘어가는데 이렇게 해
서 마지막 단계까지 완료하도록 한다. 실수를 하더라도 어떠한 처
벌도 해서는 안 된다. 처벌이 변비나 회피를 초래할 수 있기 때문이
다. 만약 변비가 있거나 특정 단계에서 성공을 하지 못해 계속 멈춰
있다면 이전 단계로 돌아간다.

 의식적 패턴을 치료하기 위한 단계의 예시

• 현재 패턴: 복도에 있는 옷장 안에서 팬티를 입고 대변을 눈다.
• 1단계: 팬티를 입은 상태로 옷장(잠긴 상태) 옆에서
• 2단계: 팬티를 입은 상태로 화장실 옆에서
• 3단계: 팬티를 입은 상태로 화장실 안 아무 곳에서나
• 4단계: 팬티를 입은 상태로 변기 옆에 서서
• 5단계: 팬티를 입은 상태로 변기에 앉아서
• 6단계: 팬티를 무릎에 걸친 채로 변기에 앉아서
• 7단계: 팬티를 손에 들고 변기에 앉아서
• 8단계: 팬티를 화장실 문에 걸어 놓고 변기에 앉아서
• 9단계: 팬티 없이 변기에 앉아서

만약 단계대로 잘 진행되지 않으면, 제9장 '불순응'에서 설명한 것처럼 의학적인 촉진 절차(예: 좌약, 관장제)를 시도할 수 있다. 다만 이 절차는 매우 집중적인 치료이며 이미 가지고 있는 일과를 빠르게 변화시키는 것이어서 아이에게 불안이나 다른 문제 행동을 야기할 수 있음을 기억한다.

Toilet Training Success

04

요구하기 훈련

제12장

요구하기 훈련

아이가 정해진 스케줄에 맞춰 소변을 보긴 하지만 촉진하지 않으면 화장실 가기를 요구하지 않거나 스스로 가지 않는다면 요구하기 훈련을 우선적인 훈련 목표로 잡는다. 반면 정해진 시간에 맞춰 화장실에 데려가도 실수를 하면 '02. 소변 훈련'에 소개한 전체적인 소변 훈련 절차를 반복한다.

우선 아이가 가장 효과적으로 의사소통할 수 있는 방식이 무엇인지를 결정해야 하는데 이는 아이의 언어 치료사나 교사에게 물어보는 것이 좋다. 아이가 쉽고 효과적으로 의사소통할 수 있는 방식에는 언어적 요구하기뿐 아니라 그림 교환, 수화, 사물 교환 등을 포함하며 창의적이고 새로운 방식을 고려해 보는 것도 좋다. 보통 효과적인 의사소통 방식은 이전부터 아이가 사용해 왔고 익숙한 것을 말한다. 언어적 표현에 집착해서는 안 된다. 아이가 말을 조금 할 수 있다고 하더라도 화장실을 가겠다고 요구하는 행동은 동기가 낮기 때문에 아이에게 아주 쉬운 의사소통 방식을 선택해야 한다.

의사소통 방식을 결정했으면 이를 아이의 일상생활 스케줄에 집어넣는다. 소변을 더 자주 볼 수 있게 액체 섭취량을 약간 늘리고 30분마다 화장실에 가는 시간을 정한다. 그리고 화장실에 갈 때마다 가기 직전에 화장실 가기를 요구하도록 촉진한다. 아이에게 화장실에 가고 싶은지 묻거나, "지금이 무슨 시간이지?"와 같은 말은 하지 말고 단순하게 촉진하면서 화장실에 데려가는데 아이가 화장실 가기를 요구하면 칭찬한다("화장실 가고 싶다고 했구나. 참 잘했어!"). 일주일 정도가 지나면 액체 섭취량은 계속해서 증가시키되 화장실에 가는 시간의 간격을 점차적으로 늘린다. 아이가 스스로 화장실에 가겠다고 요구할 때마다 화장실에 데려가 크게 보상한다. 아이가 화장실에 가겠다는 요구를 스스로 하기 시작하면 더 이상 정해진 스케줄을 사용하지 않고 요구를 하면 보상을 제공한다. 이후에는 액체 섭취량도 늘리지 않고 요구하기에 대한 보상만 제공한다.

배변 훈련을 위한 선행 기술

• 의사소통 방법을 결정한다.
• 액체 섭취량을 늘린다.
• 소변을 보기로 정해진 스케줄의 간격을 좁힌다.
• 정해진 스케줄마다 요구하기를 촉진한다.
• 촉진 시 요구를 하면 칭찬한다.
• 정해진 스케줄의 간격을 점차 늘린다.
• 스스로 요구하기를 강화한다.

앞의 단계에서 성공하지 못했을 때에는 다음을 따른다.

• 소변을 보기로 정해진 스케줄에 맞추어 아이를 화장실에 데
려간다. 변기와 아이 사이에 서서 아이가 소변을 보지 못하도
록 한다. 몇 초간 기다렸다가 요구하도록 촉진하여 요구를 해
야만 소변을 볼 수 있게 한다. 아이가 스스로 요구를 하기 시
작하면 점차적으로 변기로부터의 거리를 늘린다. 아이가 어
떤 식으로든 요구를 하면 칭찬해 주고 변기에서 소변을 볼 수
있게 해 준다.

• 소변을 보기로 정해진 스케줄과는 별개로 개별 시도(반복적
인 교사의 시도) 훈련을 통해 의사소통을 가르친다. 아이가 "화
장실 갈래요."라고 요구하도록 촉진하고 화장실에 가도록 촉
진한다. 또한 칭찬을 하고 작은 보상을 제공한다. 아이가 이를

잘 사용할 수 있을 때까지 반복해서 가르친다. 이후에는 화장실에 가겠다고 요구하고 소변을 보는 것에 대해서만 촉진하고 실제로 소변을 보았을 때에만 보상을 제공한다. 화장실에는 갔지만 소변을 보지 않았다면 보상을 제공하지 않는다.

• 자폐성 장애가 있는 아동에게 스스로 요구하기를 가르치는 것은 어렵다. 몇 차례 시도를 해도 요구를 하지 않는다면 요구하기 프로그램을 중단하고 아이를 스케줄에 맞춰 화장실에 데려간다. 선호하는 물건과 활동(예: 음식, 음료수, 공원에 놀러 가기, 텔레비전 보기 등)을 이용하여 요구하기를 가르친 뒤 추후 다시 화장실 가는 것을 요구하도록 가르친다.

Toilet Training Success

05

퇴 행

제13장

퇴행의 분석 및 치료

배변 훈련이 완전히 끝나도 다시 실수가 일어나는 퇴행이 발생할 수 있다. 이는 훈련을 마치자마자 나타나기도 하고 아주 오랜 시간이 지난 후에 나타나기도 한다. 퇴행을 치료하는 첫 번째 단계는 퇴행이 나타나는 이유를 파악하는 것이다. 생리학적 문제, 환경의 변화, 방해하는 행동, 실수가 강화를 받는 경우가 여기에 해당한다. 각각의 원인과 치료 방법은 다음에서 자세히 소개한다.

퇴행의 분석

생리학적 문제

환경의 변화

방해하는 행동

실수가 강화를 받음

1. 생리학적 문제

생리학적인 문제로 인해 배변 훈련이 완벽하게 된 이후 오랜 시간이 지나 실수가 나타날 수 있다. 특히 실수를 아동이 통제할 수 없다면 생리학적인 문제가 원인일 수 있다. 이 경우 소아과 의사의 진료를 받고 의학적 권고 사항(전문가의 평가 포함)을 모두 따르는 것이 중요하다. 의학적인 문제가 해결되고 나면 짧게 재훈련을 할 수도 있다. 재훈련 시에는 변기에서 성공을 하면 보상을 제공하며 일시적으로 정해진 시간에 촉진을 하기도 한다.

2. 환경의 변화

다음은 배변에 영향을 줄 수 있는 환경 변화의 예다. 아동의 일상적인 환경(집 혹은 학교)에 어떠한 변화가 있었는가? 화장실의 위치가 바뀌었는가? 화장실을 수리하고 있는가? 스케줄이나 하루 일과가 바뀌었는가? 아동의 의사소통 방식이 바뀌었는가? 자폐성 장애 아동은 다양한 상황에 일반화를 하는 능력이 부족하므로 특히 환경의 변화에 많은 영향을 받는다. 환경 변화가 원인이라고 생각되면 환경을 원래대로 돌려놓든지 새로운 환경에 맞춰 화장실 가는 것을 촉진하고 성공 시 보상하는 것을 시작해야 한다. 훈련자는 아이가

배변 기술을 새로운 환경에 일반화할 수 있을 때까지 일관성 있게
행동해야 한다.

3. 방해하는 행동

아동의 다른 문제 행동이 배변을 방해하는가? 불순응, 떼쓰기,
상동 행동, 자해 행동 등은 배변 행동으로부터 아동의 주의를 분산
시키기 때문에 방해 행동을 감소시키기 위한 행동치료 계획을 세
우고 시행해야 한다. 이러한 행동이 통제 가능해지면 스케줄에 맞
춰 촉진하고 성공을 보상하는 훈련을 짧게 다시 할 수도 있다.

4. 실수가 강화를 받음

소변과 대변의 실수는 모두 행동이다. 모든 행동은 강화를 받으
면 빈도가 증가한다. 따라서 의도하지 않았다 하더라도 실수가 강
화를 받으면 앞으로 더 자주 실수를 하게 된다. 여기에서는 실수를
기능을 가지고 있는 의도된 행동으로 보는데 문제 행동의 흔한 기
능은 요구로부터 회피, 다른 사람의 관심 끌기, 선호하는 물건에 대
한 접근이다. 만약 퇴행의 원인이 이것이라면 배변 훈련 대신 소변
및 대변을 실수하는 것에 대한 행동치료를 해야 한다. 훈련자는 적

절한 행동을 강화하고 아이가 원하는 것을 얻을 수 있는 더 좋은 방
법을 가르쳐 주어야 하는데 필요하다면 행동분석 전문가의 자문을
권한다.

Toilet Training Success

06

야간 훈련

제14장

야간 훈련의 평가 및 치료

성공적인 야간 훈련은 방광의 발달 정도와 속옷을 젖지 않은 상태로 유지하려는 동기가 있어야 가능하다. 밤새 자발적으로 소변을 참는다거나 배변 훈련이 밤새도록 일반화가 잘 되는 경우에는 야간 훈련을 위한 특별한 치료가 필요하지 않다. 야간 훈련은 아이가 낮에 실수하는 일이 전혀 없고, 나이가 7세쯤 되었을 때 시작한다. 7세 이전에는 이불에 실수를 할 수 있지만 7세가 넘으면 밤새도록 소변을 참을 수 있을만큼 방광이 발달한다. 일차적 야뇨증은 아이가 매번 밤에 실수를 하는 경우에, 이차적 야뇨증은 6개월간은 밤에 실수를 하지 않았지만 그 이후 실수가 나타나는 경우에 진단한다.

야간 훈련의 첫 번째 단계는 언제 실수가 일어나는지를 파악하는 것이다. 부모의 수면을 방해하긴 하지만 매 시간 실수가 일어

났는지를 확인해야 한다. 이 자료는 추후 치료를 계획하는 데 유용하게 사용된다. 자료는 안정적인 패턴을 보일 때까지 수집하며 하룻밤에 여러 번 실수가 나타나면 그때마다 새로운 기록지를 사용한다.

두 번째 단계는 실수의 원인을 분석하고 치료 계획을 세우는 것이다. 원인에 따라 빠르고 쉽게 치료가 되기도 하고 많은 시간과 노력을 들여야 하기도 한다. 가능한 원인으로는 생리학적 문제, 방광 조절 및 용량의 문제, 기술 습득/동기의 부족, 두려움/환경적 문제, 심리학적 문제(이차적 야뇨증에 해당)가 있다. 이와 관련해서는 효과적인 치료 전략과 함께 다음에서 자세히 소개한다.

실수의 원인

생리학적 문제
방광 조절 및 용량의 문제
기술 습득/동기의 부족
두려움/환경적 문제
심리학적 문제

1. 생리학적 문제

밤중 소변에는 몇 가지 생리학적 문제가 연관되어 있다. 이차적 야뇨증의 경우 종합적인 의학적 검사를 받아 볼 것을 권한다. 방광

의 용량이 작고 바소프레신 호르몬(수면 중 소변의 생산을 감소시킴)
이 감소한 경우는 이 장의 후반부에서 소개한다.

변비에 자주 걸리는 아이는 우선적으로 축적된 변의 문제를 해결
해야 한다. 축적된 변은 방광을 눌러 자는 동안 방광의 조절을 불안
정하게 만든다. 이는 규칙적으로 대변을 보지 못하는 것과 밤에 소
변을 보는 패턴이 일치하는지를 살펴보면 된다. 축적된 변을 제거
하면 밤새 소변을 참는 문제는 쉽게 해결된다. 변비는 행동적 혹은
생리학적으로 장기적 관점에서 치료되어야 한다.

요로감염은 이차적 야뇨증의 흔한 원인이다. 이 경우 소변검사와
같은 신체검사를 권한다. 요로감염은 뿌옇고 냄새 나는 소변, 혈뇨,
빈뇨, 절박뇨, 낮에 실수하는 증상을 보인다. 이것이 치료되면 밤새
소변을 보는 일이 줄어든다.

밤에 발작이 일어나면 방광의 통제가 불가능해진다. 보통 발작장
애가 통제 가능해지면 행동치료 없이도 야뇨증이 해결된다.

신경학 및 관련 기관의 신체적 외상이 주뇨증 및 야뇨증에 영향
을 줄 수 있다. 소변 줄기가 비정상적으로 중심을 벗어나고 중간에
끊어지거나 소변 양이 적으면 요로에 이상이 있을 수 있다. 이는
방광의 조절 능력을 저하시키거나 완전히 방광을 비우는 것을 어
렵게 한다. 외상의 종류 및 손상의 정도에 따라 예후와 치료가 결
정된다.

2. 방광 조절 및 용량의 문제

소변을 참으려면 방광 근육을 통제할 수 있어야 하고 소변을 방광에 저장하고 있을 만큼 근육이 강해야 한다. 또한 방광의 용량 역시 적정 수준이 되어야 한다. 아이가 낮에 소변을 참을 수 있을 때까지 야간 훈련은 시작하지 않는다. 보통 아이가 7세가 되기 전에는 방광이 발달되지 않았다고 본다.

방광이 미성숙하여 소변을 저장하지 못하는 경우 다음과 같은 선행적인 전략이 도움이 된다. 방광의 용량과 일치하게 액체를 섭취하게 하는 것이다. 아이 나이에 30을 곱한 숫자에 30을 더해 밀리리터의 단위를 붙이면 방광의 용량을 예측할 수 있다. 밤에 소변을 참을 수 있게 하려면 6시 이후 혹은 잠들기 2시간 전부터는 액체의 섭취를 줄인다. 또한 잠들기 전에 화장실에 가서 소변을 보도록 한다. 소변을 마렵게 하는 액체(예: 콜라, 커피, 차 등)는 마시게 하지 않는다.

야간에 방광의 기능을 강화하기 위해서는 낮 동안에 방광을 강화하는 치료 전략이 필요하다. 아이가 소변을 누려고 할 때 몇 분간 소변을 참는 것, 소변을 보는 도중에 소변 줄기를 끊었다가 다시 시작하는 것을 반복하는 것, 방광을 비우고 난 뒤 몇 초 후에 소변을 조금 더 누도록 하는 것은 방광 강화에 도움이 된다. 이는 아이가 방광 근육을 잘 조절할 수 있게 하여 밤새 소변을 참을 수 있도록 한다. 근육을 강화하기 위해 낮 동안에 자주 소변을 보기보다는 주기적으로 소변을 참을 수 있도록 해야 한다는 것을 기억하라!

바소프레신 호르몬의 양이 부족한 경우도 있다. 바소프레신은 방광에 저장되는 액체의 양을 줄이기 위해 자는 동안 소변의 농도를 높이는 호르몬이다. 바소프레신이 부족하면 밤에도 낮과 같은 비율로 소변을 보며 이는 수면 사이클에 방해가 된다. 이 경우 바소프레신과 유사한 효과를 지니는 데스모프레신이라는 호르몬제를 처방한다. 데스모프레신을 투여하기 전에 방광을 강화시키는 운동을 하면 도움이 된다. 잠들고 난 뒤 2시간 이내에 실수를 하거나 하룻밤 사이에 여러 번 실수를 하면 데스모프레신 치료가 필요하다고 본다. 데스모프레신은 특별한 이유로 하루 내지 이틀 밤 아이가 소변을 참아야 하는 경우 '필요시 사용'이라는 조건으로 처방되기도 한다.

3. 기술 습득/동기의 부족

이 경우 의학적 문제는 없고 방광도 충분히 발달되어 있지만 단지 기술이 부족하거나 아이가 소변을 참는 것에 대한 동기가 부족한 것이 문제가 된다. 여기의 모든 치료 전략은 응용행동분석의 이론과 기법을 기반으로 한다.

밤새 소변을 참는 것에 대해 보상하는 것만으로 문제가 해결되는 경우도 있다. 매일 아침 소변을 참은 상태로 잠에서 깨면 어떤 보상을 받을 수 있을지의 유관을 만든다. 실수를 해도 처벌은 하지 않는다. 그저 보상을 주지 않고 다음 날 다시 시도하면 된다.

몇 주간 위 방법이 성공하지 못하면 '경보장치(bell and pad)'를 활용한다. 이 방법은 수십 년간 밤중 실수와 관련하여 성공적인 방법으로 알려져 왔다. 우선 젖으면 알람이 울리는 속옷과 침대 시트를 구입해야 한다. 알람이 울리면 아이를 잠에서 깨우고 바로 화장실에 가서 소변을 보도록 촉진한다. 알람 소리에 아이가 놀라서 일시적으로 소변 줄기가 멈추는데, 이때 화장실로 데려가 변기에서 소변을 누게 하고 보상을 한다.

Nathan Azrin이 개발한 '마른 침대 훈련(dry bed training)'도 있다. 이 방법의 경우 아이가 잠들기 직전에 액체를 섭취하도록 하여 실수가 발생할 확률을 높인다. 부모는 주기적으로 침대를 살피고 실수를 하면 바로 아이를 깨운다. 아이가 젖은 침대와 옷을 정리하도록 하고 다시 잠들기 전에 더 많은 액체를 마시게 한다. 밤새도록 실수를 할 때마다 아이를 깨우고 침대를 정리하도록 한다. 밤에 변기에서 소변을 보면 보상을 주고 침대가 젖지 않아도 보상을 준다.

4. 두려움/환경적 문제

밤에 방문이 닫혀 있으면 이를 불편해하거나 무서워하고 방 밖으

로 나가기를 꺼리는 경우 아이는 침대에 소변을 보게 된다. 침실과
화장실 사이에 불이 꺼져 있거나 모든 사람이 자고 있을 때 혼자 복
도를 걸어가는 것을 무서워하는 경우도 이에 해당한다. 이러한 아
이들은 인터뷰에서 자신의 생각을 드러낸다. 집이 아닌 다른 곳(예:
호텔 방)에서 소변을 참는 아이가 있다면 이 경우일 수 있다. 이런
문제는 침실의 문을 열어 두고 불을 켜 두며 밤에 아이가 다른 사람
을 부를 수 있는 환경을 만들어 주면 해결할 수 있다.

5. 심리학적 문제

심리학적 스트레스가 이차적 야뇨증(소변을 완전히 가리고 오랜
시간이 지난 후에 실수를 함)을 유발하기도 한다. 이는 보편적으로
알려져 있는 사실이지만 연구로 증명되지는 않았다. 심리학적 스
트레스로 이차적 야뇨증을 진단하려면 스트레스원의 발생 시기가
밤중 실수의 시작과 일치해야 한다. 스트레스가 많은 일상 사건에
는 동생의 출생, 부모의 이혼, 가족의 죽음, 아동 학대, 이사, 전학,
정신적 외상을 초래할 만한 사건 등이 있다. 행동적 혹은 정서적
문제가 실수가 시작되는 시점과 일치하면 상담을 받는 것이 좋다.

범불안장애나 우울증은 이차적 야뇨증을 유발하며 다른 문제(예:
행동적 문제, 감정 조절 이상, 약물 남용, 학교 실패, 지나친 두려움 표출,
사회적 어려움 등)를 나타내기도 한다. 치료는 평가 결과에 따라 하

도록 한다.

　심리학적 요인이 있어도 심리학적 상담과 더불어 행동적 개입이
필요하다는 것을 기억해야 한다.

Toilet Training Success

07

완전하게 독립적으로 배변하기

완전하게 독립적으로 배변하기 위한 단계

배변의 모든 단계를 독립적으로 수행하기 위해서는 모든 상황과 환경에서 여러 단계를 모두 성공적으로 수행해야 한다. 변기에서 배변하는 것에 대한 개념을 습득하고 나면 독립성 증진을 위한 다른 단계들을 살펴보아야 한다. 각각의 기술은 개별적이고도 구체적으로 평가하고 가르쳐야 하는데 다양한 상황에서 응용행동분석의 원리를 이용한다(예: 촉진, 강화, 조형, 모델링, 연습 등). 개별 기술을 가르치는 가장 좋은 방법에 대해서는 행동분석 전문가의 자문을 구할 것을 권한다.

이 장에서는 남아와 여아를 위한 독립적인 배변 훈련 과제 분석을 소개한다. 많은 단계가 유사하지만 몇몇은 성별에 따라 차이가 있다. 얼마나 구체적으로 가르쳐야 할지, 언제 다음 단계를 소개해야 할지, 특정한 기술을 완료했는지 여부는 아이에 따라 다르다.

1. 남아용 배변 훈련 과제 분석

1) 아이가 변의를 느낀다.

2) 아이가 화장실에 가고 싶다고 요구하거나 화장실로 간다.
   ① 요구하기를 통해 다른 사람의 관심을 얻는다.
   ② 의사소통 방법(어떤 것이든지)을 사용하여 요구한다.
   ③ 반응을 기다린다.
   ④ 화장실에 간다.

3) 개인 화장실인 경우 문이 열려 있는지 혹은 닫혀 있는지 본다.
   ① 열려 있으면 화장실에 들어간다.
   ② 닫혀 있으면 문을 열기 전에 노크를 한다.
   ③ 안에서 사람이 대답을 하면 밖에서 나올 때까지 기다린다.
   ④ 안에서 대답이 없으면 문을 열고 안으로 들어간다.
   ⑤ 문을 닫는다.
   ⑥ 문을 잠근다.

4) 공중화장실인 경우 남자 화장실에 들어간다(화장실의 성별을
   알 수 있는 기호나 글씨가 적혀 있다. 각각의 기호를 정확하게 이해
   하지 못하면 도움을 요청한다).

① 칸이 여러 개인 경우(쇼핑몰에서처럼) 안으로 들어간다.

② 칸이 하나인 경우(식당에서처럼) 위의 개인 화장실의 규칙을 따른다.

5) 남성용 소변기가 없는 곳에서 소변을 볼 때(집에서처럼)

① 변기로 간다.

② 변기 뚜껑이 내려져 있으면 들어 올린다(공중화장실의 경우 휴지를 손에 감아 사용한다).

③ 변기 시트를 올린다(공중화장실의 경우 휴지를 손에 감아 사용한다).

④ 바지의 단추를 풀거나 지퍼를 내려 성기를 꺼낸다(바지는 내리지 않는다).

⑤ 소변을 본다.

⑥ 남은 소변을 털어낸다.

⑦ 성기를 집어넣는다.

⑧ 바지의 단추를 채우거나 지퍼를 올린다.

⑨ 변기의 물을 내린다(공중화장실의 경우 발을 이용하거나 휴지로 손을 감싸서 한다). ** 자동으로 물이 내려가는 변기에서는 이를 생략한다.

⑩ 손을 씻는다(9단계에 자세히 나와 있음).

6) 남성용 소변기가 있는 곳에서 소변을 볼 때

① 소변기로 간다(가능하다면 사람이 있는 소변기 바로 옆은 피한다).
② 소변기 앞에 선다.
③ 바지의 단추를 풀거나 지퍼를 내려 성기를 꺼낸다(바지는 내리지 않는다).
④ 아래를 내려다보며 소변기에 소변을 본다(다른 사람을 쳐다보지 않는다).
⑤ 남은 소변을 털어낸다.
⑥ 성기를 집어넣는다.
⑦ 바지의 단추를 채우거나 지퍼를 올린다.
⑧ 변기의 물을 내린다(가능하다면 팔꿈치를 이용한다). ** 자동으로 물이 내려가는 변기에서는 이를 생략한다.
⑨ 손을 씻는다(10단계에 자세히 나와 있음)

7) 개인 화장실(다른 사람의 집)에서 대변을 볼 때
① 변기로 간다.
② 필요한 경우 변기 뚜껑을 들어 올린다.
③ 휴지를 이용하여 손으로 시트를 내린다.
④ 단추를 풀고, 지퍼를 내리고, 바지를 내린다.
⑤ 변기에 앉는다.
⑥ 대변을 본다.
⑦ 휴지를 찾는다.

⑧ 휴지를 감아서 적절한 양만큼 뜯는다(너무 많이 사용하지 않
는다).

⑨ 휴지로 닦고 변기에 버린다.

⑩ 깨끗해질 때까지 ⑧에서 ⑨까지를 반복한다(너무 많은 양
의 휴지를 변기에 버리지 않는다).

⑪ 변기에서 일어난다.

⑫ 물을 내린다.

⑬ 바지를 올리고, 지퍼를 올리고, 단추를 채운다.

⑭ 물이 잘 내려갔는지 변기를 확인한다. 제대로 되지 않았으
면 다시 물을 내린다.

⑮ 손을 씻는다(9단계에 자세히 나와 있음).

8) 공중화장실에서 대변을 볼 때

① 화장실에 간다.

② 빈 칸을 선택한다.

③ 변기가 깨끗한지 살핀다.

④ 변기가 너무 더러우면 다음 칸으로 이동한다.

⑤ 해당 칸에 들어간다.

⑥ 문을 닫고 잠근다.

⑦ 가능하다면 소지품을 고리에 건다(바닥에 두지 않는다).

⑧ 휴지를 손에 감아 변기 시트를 내린다.

⑨ 가능하다면 일회용 시트 커버를 깐다.

⑩ 일회용 시트 커버가 없다면 시트 위에 휴지를 여러 장 깐다.

⑪ 단추를 풀고, 지퍼를 내리고, 바지를 내린다.

⑫ 변기에 앉는다.

⑬ 대변을 본다.

⑭ 휴지를 감아서 적절한 양만큼 뜯는다.

⑮ 휴지로 닦고 변기에 버린다.

⑯ 깨끗해질 때까지 ⑭에서 ⑮까지를 반복한다.

⑰ 변기에서 일어난다.

⑱ 바지를 올리고, 지퍼를 올리고, 단추를 채운다.

⑲ 발 혹은 휴지를 감은 손으로 물을 내린다. ** 자동으로 물이 내려가는 변기에서는 이를 생략한다.

⑳ 소지품을 챙긴다.

㉑ 문을 열고 나간다.

㉒ 손을 씻는다(10단계에 자세히 나와 있음).

9) 개인 화장실에서 손을 씻을 때

① 세면대로 간다.

② 온수와 냉수를 조절하여 따뜻한 물을 튼다.

③ 물비누 통이나 비누로 손을 가져간다.

④ 비누를 손에 칠한다.

⑤ 손의 구석구석과 손가락 사이사이를 비비며 물에 씻는다.

⑥ 수도를 잠근다.

⑦ 손을 닦기 좋은 위치에 수건을 놓는다(장식용 수건으로 닦지 않는다).

⑧ 수건으로 손을 닦는다.

⑨ 수건을 다시 접어 제자리에 놓는다.

⑩ 화장실을 나온다.

10) 공중화장실에서 손을 씻을 때

① 세면대로 간다. 빈 곳이 없을 때는 기다린다.

② 자동이라면 수도 밑에 손을 가져다 댄다.

③ 수동이라면 수도꼭지를 돌려서 물을 튼다(수도꼭지 종류가 여러 가지이므로 모두 학습해야 한다).

④ 물비누 통에 손을 가져간다.

⑤ 비누를 손에 칠한다.

⑥ 손의 구석구석과 손가락 사이사이를 비비며 물에 씻는다.

⑦ 수도를 잠근다. 자동이라면 수도꼭지에서 손을 뗀다.

⑧ 종이 타월 혹은 건조기에 손을 가져다 댄다.

⑨ 종이 타월이라면, 종이 타월을 한 장 꺼내 손을 닦고 쓰레기통에 버린다.

⑩ 건조기라면, 건조기 아래에 손을 가져간 후 버튼을 눌러 건조기를 작동시킨다. 물기가 다 마를 때까지 손을 비빈다.

⑪ 화장실을 나온다.

2. 여아용 배변 훈련 과제 분석

1) 아이가 변의를 느낀다.

2) 아이가 화장실에 가고 싶다고 요구하거나 화장실로 간다.
   ① 요구하기를 통해 다른 사람의 관심을 얻는다.
   ② 의사소통 방법(어떤 것이든지)을 사용하여 요구한다.
   ③ 반응을 기다린다.
   ④ 화장실에 간다.

3) 개인 화장실인 경우 문이 열려 있는지 혹은 닫혀 있는지 본다.
   ① 열려 있으면 화장실에 들어간다.
   ② 닫혀 있으면 문을 열기 전에 노크를 한다.
   ③ 안에서 사람이 대답을 하면 밖에서 나올 때까지 기다린다.
   ④ 안에서 대답이 없으면 문을 열고 안으로 들어간다.
   ⑤ 문을 닫는다.
   ⑥ 문을 잠근다.

4) 공중화장실인 경우 여자 화장실에 들어간다(화장실의 성별을
   알 수 있는 기호나 글씨가 적혀 있다. 각각의 기호를 정확하게 이해
   하지 못하면 도움을 요청한다).

① 칸이 여러 개인 경우(쇼핑몰에서처럼) 안으로 들어간다.

② 칸이 하나인 경우(식당 내에서처럼) 위의 개인 화장실의 규칙을 따른다.

5) 개인 화장실에서 소변을 볼 때

① 변기로 간다.

② 변기 뚜껑이 내려져 있으면 들어올린다(공중 화장실의 경우 휴지를 손에 감아 사용한다).

③ 변기 시트를 내린다(공중 화장실의 경우 휴지를 손에 감아 사용한다).

④ 바지의 단추를 풀거나 지퍼를 내리고 바지를 내린다.

⑤ 변기에 앉는다.

⑥ 소변을 본다.

⑦ 휴지를 찾는다.

⑧ 휴지를 가져온다(너무 많지 않게, 닦아내기에 충분할 만큼만 가져온다).

⑨ 휴지를 감아서 적절한 양만큼 뜯는다(너무 많이 사용하지 않는다).

⑩ 휴지를 닦고 변기에 버린다.

⑪ 변기에서 일어난다.

⑫ 물을 내린다.

⑬ 바지를 올리고, 지퍼를 올리고, 단추를 채운다.

⑭ 손을 씻는다(9단계에 자세히 나와 있음).

6) 공중화장실에서 소변을 볼 때

① 화장실에 간다.

② 빈 칸을 선택한다.

③ 변기가 깨끗한지 살핀다.

④ 변기가 너무 더러우면 다음칸으로 이동한다.

⑤ 문을 닫고 잠근다.

⑥ 가능하다면 소지품을 고리에 건다(바닥에 두지 않는다).

⑦ 변기로 간다.

⑧ 필요한 경우 변기 뚜껑을 들어올린다(공중 화장실에서는 휴지를 손에 감아 사용한다).

⑨ 단추를 풀고, 지퍼를 내리고, 바지를 내린다.

⑩ 가능하다면 일회용 시트 커버를 깐다.

⑪ 일회용 시트 커버가 없다면 시트 전체에 휴지를 여러 장 깐다.

⑫ 변기에 앉는다.

⑬ 소변을 본다.

⑭ 휴지를 감아서 적절한 양만큼 뜯는다(너무 많이 사용하지 않는다).

⑮ 휴지로 닦고 변기에 버린다.

⑯ 변기에서 일어난다.

⑰ 바지를 올리고, 지퍼를 채우고, 단추를 채운다.

⑱ 발 혹은 휴지를 감은 손으로 물을 내린다. ** 자동으로 물이 내려가는 변기에서는 이를 생략한다.

⑲ 소지품을 챙긴다.

⑳ 문을 열고 나간다.

㉑ 손을 씻는다(10단계에 자세히 나와 있음).

7) 개인 화장실에서 대변을 볼 때

① 변기로 간다.

② 필요한 경우 변기 뚜껑을 들어올린다(공중 화장실에서는 휴지를 손에 감아 사용한다).

③ 휴지를 이용하여 손으로 시트를 내린다(공중 화장실에서는 휴지를 손에 감아 사용한다).

④ 단추를 풀고, 지퍼를 내리고, 바지를 내린다.

⑤ 변기에 앉는다.

⑥ 대변을 본다.

⑦ 휴지를 찾는다.

⑧ 휴지를 감아서 적절한 양만큼 뜯는다(너무 많이 사용하지 않는다).

⑨ 휴지로 닦고 변기에 버린다.

⑩ 깨끗해질 때까지 ⑧에서 ⑨까지를 반복한다(너무 많은 양의 휴지를 변기에 버리지 않는다).

⑪ 변기에서 일어난다.

⑫ 물을 내린다.

⑬ 바지를 올리고, 지퍼를 올리고, 단추를 채운다.

⑭ 물이 잘 내려갔는지 변기를 확인한다. 제대로 되지 않았으면 다시 물을 내린다.

⑮ 손을 씻는다(9단계에 자세히 나와 있음).

8) 공중화장실에서 대변을 볼 때

① 화장실에 간다.

② 빈 칸을 선택한다.

③ 변기가 깨끗한지 살핀다.

④ 변기가 너무 더러우면 다음 칸으로 이동한다.

⑤ 해당 칸에 들어간다.

⑥ 문을 닫고 잠근다.

⑦ 가능하다면 소지품을 고리에 건다(바닥에 두지 않는다).

⑧ 휴지를 손에 감아 변기 시트를 내린다.

⑨ 가능하다면 일회용 시트 커버를 깐다.

⑩ 일회용 시트 커버가 없다면 시트 위에 휴지를 여러 장 깐다.

⑪ 단추를 풀고, 지퍼를 내리고, 바지를 내린다.

⑫ 변기에 앉는다.

⑬ 대변을 본다.

⑭ 휴지를 감아서 적절한 양만큼 뜯는다.

⑮ 휴지로 닦고 변기에 버린다.

⑯ 깨끗해질 때까지 ⑭에서 ⑮까지를 반복한다.

⑰ 변기에서 일어난다.

⑱ 바지를 올리고, 지퍼를 올리고, 단추를 채운다.

⑲ 발 혹은 휴지를 감은 손으로 물을 내린다. ** 자동으로 물이 내려가는 변기에서는 이를 생략한다.

⑳ 소지품을 챙긴다.

㉑ 문을 열고 나간다.

㉒ 손을 씻는다(10단계에 자세히 나와 있음).

9) 개인 화장실에서 손을 씻을 때

① 세면대로 간다.

② 온수와 냉수를 조절하여 따뜻한 물을 튼다.

③ 물비누 통이나 비누로 손을 가져간다.

④ 비누를 손에 칠한다.

⑤ 손의 구석구석과 손가락 사이사이를 비비며 물에 씻는다.

⑥ 수도를 잠근다.

⑦ 손을 닦기 좋은 위치에 수건을 놓는다(장식용 수건으로 닦지 않는다).

⑧ 수건으로 손을 닦는다.

⑨ 수건을 다시 접어 제자리에 놓는다.

⑩ 화장실을 나온다.

10) 공중화장실에서 손을 씻을 때

① 세면대로 간다. 빈 세면대가 없을 때는 기다린다.

② 자동이라면 수도 밑에 손을 가져다 댄다.

③ 수동이라면 수도꼭지를 돌려서 물을 튼다(수도꼭지 종류가
   여러 가지이므로 모두 학습해야 한다).

④ 물비누 통에 손을 가져간다.

⑤ 비누를 손에 칠한다.

⑥ 손의 구석구석과 손가락 사이사이를 비비며 물에 씻는다.

⑦ 수도를 잠근다. 자동이라면 수도꼭지에서 손을 뗀다.

⑧ 종이 타월 혹은 건조기를 이용해 손을 말린다.

⑨ 종이 타월이라면, 종이 타월을 한 장 꺼내 손을 닦고 쓰레
   기통에 버린다.

⑩ 건조기라면, 건조기 아래에 손을 가져간 후 버튼을 눌러 건
   조기를 작동시킨다. 물기가 다 마를 때까지 손을 비빈다.

⑪ 화장실을 나온다.

Toilet Training Success

08

자주 묻는 질문들

여기에서는 배변 훈련을 언제 시작할지 결정하려는 사람들 혹은 이미 시작한 사람들에게 도움이 될 만한 일반적인 질문을 소개한다. 여러 질문에 대한 답이 자세히 나와 있다.

📖 "몇 살에 배변 훈련을 시작해야 하나요?"

배변 훈련의 시작 시기는 아이의 생물학적 나이보다 아이가 배변 훈련에 필요한 선행 기술을 가지고 있는지에 초점을 맞추어 결정해야 한다. 선행 기술에 대한 보다 자세한 내용은 제2장을 참조하면 된다. 기본적으로는 아이가 적어도 3분 동안 변기에 앉아 있을 수 있고, 적어도 1시간은 소변을 참을 수 있을 정도의 방광 조절 능력이 있으며, 몇 가지 기본적인 자조 기술을 습득하고, 기본적인 강화 유관을 이해할 뿐만 아니라 심한 문제 행동이 없어야 한다.

📖 "우리 아이는 나이가 많은데 배변 훈련을 하기에 너무 늦은 건 아닐까요?"

배변 훈련에 늦은 나이라는 건 없다. 이 책에 있는 방법을 사용하면 발달장애가 있는 성인도 훈련이 가능하다.

📄 "배변 훈련을 몇 번 시도해 봤는데 매번 실패했어요. 계속 시
도해야 할까요?"

몇 차례 실패했다 하더라도 다시 시도해야 한다. 이전에 훈련이
실패했던 이유는 집중적으로 훈련을 하지 못했기 때문일 수도 있
고 아이가 선행 기술을 습득하지 못했기 때문일 수도 있다. 선행 기
술을 습득하지 못한 것이 원인이라면 이번엔 아이가 준비가 되었을
수 있다. 아이가 아직 선행 기술을 습득하지 못했다면 선행 기술을
우선적으로 가르치고 난 후에 배변 훈련을 시작한다. 성공률을 높
이기 위해서는 이 책에서 소개하는 집중적인 훈련 절차를 따른다.
이전 훈련이 집중적으로 이루어지지 않았거나 비일관적으로 이루
어졌기 때문에 실패했을 수 있다. 실패가 반복된다면 배변 훈련에
경험이 있는 행동분석 전문가의 자문을 권한다.

📄 "우리 아이는 옷이 더러워지거나 젖어도 불편해하질 않는데
이게 문제가 될까요?"

전혀 아니다. 많은 정상 발달 아동과 발달장애 아동이 옷이 더러
워지거나 젖어도 불편해하지 않는다. 이것은 배변 훈련의 성공을
위한 선행 기술이 아니다.

📖 "이 책에 나오는 방법은 시간과 노력이 매우 많이 드는 방법인 것 같아요. 이보다 쉬운 다른 방법은 없나요?"

덜 집중적인 방법을 통해서 배변 훈련에 성공하는 아이들도 물론 있다. 그러나 장애가 있는 아동의 경우 집중적인 방법을 필요로 한다. 집중적인 훈련일수록 성공 확률이 높아지고 훈련 기간도 단축된다. 어떤 방법을 선택하든지 훈련은 일관되게 이루어져야 한다. 비일관적인 훈련은 성공할 수 없다.

📖 "배변 훈련은 24시간 해야 하나요?"

하루에 몇 시간을 훈련해야 하는지는 무엇을 가르치려고 하느냐에 따라 다르다. 소변 훈련은 가능한 한 많은 시간을 들여야 하며 일반적으로 하루에 6~8시간을 필요로 한다. 시간을 줄이면 더 오랫동안 훈련을 해야 하며 성공 확률도 낮아진다. 대변 훈련은 아이가 주로 대변을 누는 시간에만 하고 야간 훈련은 야간에만 한다.

📖 "우리 아이는 인지 기능이 떨어지는데 배변 훈련을 할 수 있나요?"

아이에 대한 정보가 없으므로 확정적으로 말하긴 어렵지만 이 책에 나온 절차는 인지적 결함을 포함하여 다양한 발달장애를 가진 사람들에게 적용할 수 있는 방법이다. 이 방법을 통해 아주 심한 인지 기능의 저하를 보이는 아동도 배변 훈련에 성공하는 것을 여러 번 보았다. 장애의 정도가 심할수록 더 집중적인 훈련이 필요하고 훈련의 기간도 길어질 수 있음을 명심하라.

📖 "우리 아이는 신체적으로 많은 제한이 있는데 배변 훈련을 할 수 있나요?"

아이에 대한 정보가 없으므로 확정적으로 말하긴 어렵지만 이 방법은 다양한 발달장애를 가진 사람들에게 적용할 수 있다. 신체적으로 어려움이 있다면 책에 나온 방법을 아이에 맞게 수정하여 적용하는 것이 필요한데, 만약 신체의 장애가 방광의 조절 능력 혹은 방광이 찼을 때의 감각과 관련이 있다면 배변 훈련은 더 어려울 수 있다.

📖 "배변 훈련을 하는 동안 기저귀를 채워 두어야 하나요?"

상황에 따라 다르다. 기저귀는 소변과 대변으로 인한 더러움을 최소화하기 위해 만들어졌다. 따라서 아이에게 기저귀를 채우는 것은 소변과 대변을 그대로 싸도 된다고 허락하는 것이나 다름없다. 이는 배변 훈련을 하는 데 도움이 되지 않으므로 배변 훈련을 하는 동안에는 기저귀를 채우지 말고 속옷을 입혀야 한다. 반면 훈련을 하지 않는 시간에는 기저귀를 채워도 된다. 훈련 시간을 늘릴수록 훈련의 성공 확률이 높아진다는 것을 명심하라. 또한 기저귀

자체가 대소변을 기저귀에 싸도록 촉진하므로 기저귀를 차는 동안은 기저귀에 실수를 하더라도 아이를 야단쳐서는 안 된다는 것을 기억하라.

📖 "배변 훈련용 기저귀나 배변 팬티를 입혀도 되나요?"

배변 훈련용 기저귀와 배변 팬티도 기저귀처럼 대소변으로 인한 더러움을 최소화하도록 만들어졌다. 따라서 아이에게 배변 훈련용 기저귀나 배변 팬티를 입히는 것은 소변과 대변을 그대로 싸도 된다고 허락하는 것이다. 훈련을 하는 시간에는 배변 훈련용 기저귀나 배변 팬티 대신 일반 속옷을 입히도록 한다.

📖 "배변 훈련을 하는 동안 휴대용 변기를 가지고 다녀야 하나요?"

휴대용 변기의 사용은 장단점이 있다. 다른 방이나 다른 장소에서도 쉽게 훈련 프로그램을 진행할 수 있다는 것은 장점이다. 또한 휴대용 변기를 사용하면 훈련하기가 편리하다. 몸이 작은 아이라면 일반 변기보다 앉히기가 수월하기도 하다. 그러나 휴대용 변기의 사용은 훈련 절차를 추가해야 하는 단점이 있다. 아이가 휴대용 변기에서 배변하는 것을 배우고 나면 일반 변기에서 배변하는 것으로 연결시켜 주어야 한다. 아이가 자랄수록 휴대용 변기에 앉히는 것이 불가능해지기도 한다. 또한 자폐성 장애의 경우 일반화에 어려움이 있어 휴대용 변기에서 일반 변기로 확장하는 것이 쉽지 않다.

따라서 일반 변기에서 훈련을 진행할 것을 권한다. 작은 아이는 보조 시트나 발판을 사용하면 일반 변기에 쉽게 앉힐 수 있다.

📖 "남아는 소변을 서서 보도록 가르쳐야 하나요? 아니면 앉아서 보도록 가르쳐야 하나요?"

처음에는 앉아서, 나중에는 서서 하도록 가르칠 것을 권한다. 변기에 앉아야 다른 문제 행동(예: 빙빙 돌기, 뛰기, 변기 만지기 등)을 할 확률이 줄어들고 아이가 무엇을 해야 하는지에 집중하기가 좋다. 또한 변기에 앉는 것은 대변을 위한 준비 자세가 되기도 한다. 아이가 앉아서 소변을 보는 것을 학습하면 신체적 촉진, 모델링, 보상을 이용하여 서서 소변을 보도록 가르친다.

📖 "훈련을 하면서 먹을 것을 강화물로 사용해도 되나요?"

논란의 여지가 있을 수는 있지만 고민할 필요가 없는 문제다. 아이가 좋아하는 것을 자유롭게 강화물로 사용하되 과제를 완수했을 때에 제공하면 된다.

📖 "실수를 했을 때 아이에게 벌을 주어야 하나요?"

무엇을 가르치려고 했는지, 과거 훈련 시 아이가 어떤 반응을 보였는지, 어떤 계획을 시행 중인지에 따라 다르다. 소변과 대변 모두

벌 없이 훈련이 가능하지만 경우에 따라서는 벌을 사용하는 것이 도움이 된다. 책 전체를 다시 살펴보고 어떤 계획을 시행하고 싶은지 스스로 결정하는 것이 좋다.

📖 "우리 아이는 변비가 있는데 대변 훈련에 영향이 있을까요?"

만성적이거나 반복적인 변비는 대변 훈련의 프로그램과 절차를 결정하는 데 영향을 주는 요소다. 아이가 현재 변비가 있다면 매복된 변이 없어질 때까지 대변 훈련을 중단해야 한다. 또한 변비를 예방하기 위한 방법에 관해 의사와 이야기를 나눈 뒤 변비를 해결하는 절차를 시행해야 한다. 예를 들어, 강화물을 주는 훈련을 하려는데 아이가 며칠 동안 대변을 보지 않았다면 규칙적으로 대변을 볼 때까지 훈련을 중지해야 한다.

📖 "대변 훈련을 할 때 좌약과 관장제를 사용해도 되나요?"

좌약과 관장제 사용이 도움이 될 때가 있다. 더 자세한 것은 제3장을 참조하라. 단, 의학적 도움을 주고자 할 때는 반드시 의사의 조언과 허락을 받아야 한다. 또한 이와 같은 집중적인 프로그램은 배변 훈련의 경험이 있는 행동분석 전문가의 감독 하에 진행되어야 한다.

📖 "자료를 수집해야 하나요?"

치료의 연장, 중단이나 수정에 관한 정확하고 객관적인 결정을 내리기 위해 모든 훈련 프로그램에서 자료를 수집할 것을 권한다.

📖 "우리 아이는 말을 못하는데 배변 훈련을 성공할 수 있을까요?"

물론이다. 아이가 말을 하지 못한다면 화장실에 가고 싶다는 표현을 대안적인 의사소통 방식(예: 그림, 사물, 수화, 전자음성기기 등)을 통해 가르치면 된다.

📖 "변기에서의 성공에 대해 언제까지 강화를 해야 하나요?"

다양한 장소에서 100퍼센트 성공을 할 때까지 강화를 해야 한다. 그 이후에는 점차적으로 물건 대신 칭찬으로 강화물을 바꾸고 매번 주던 강화도 점차 줄인다. 강화는 단계적으로 서서히 줄여 가야 함을 명심하라. 강화를 곧바로 중지하는 것보다는 필요 이상으로 오래 제공하는 편이 낫다.

📖 "스스로 배변 후 뒤처리 하기, 손 씻기, 남성용 소변기 사용하기, 남녀 화장실 구분하기 등은 언제 가르쳐야 하나요?"

완전히 독립적으로 배변을 하기까지는 많은 단계가 필요하다. 처음 배변 훈련을 시작할 때부터 모든 기술을 가르치지 않는다. 기본적인 배변 훈련은 볼 일을 화장실 변기에서 보는 것이다. 다른 기술들은 이 기본 기술에 대한 부가적인 기술이다. 이러한 기술은 기본 기술의 훈련이 완벽하게 되고 나서 시작해야 한다. 대부분의 기술은 응용행동분석의 원리(촉진, 과제 분석, 강화, 연습)를 이용하여 가르칠 수 있다. 이와 관련하여 행동분석 전문가의 자문을 권한다.

Toilet Training Success

09

참고문헌

이 책의 많은 정보는 여기에 제시된 중요한 참고문헌을 포함하여 배변 훈련과 관련한 여러 문헌에 대한 개관에 근거하고 있다. 제시된 참고문헌의 모든 저자에게 공을 돌린다. 오래된 연구가 많긴 해도 배변 훈련에 대한 대부분의 지식의 기반이 된 것들이다. 배변 훈련에 대한 추가적인 정보는 이들 논문과 책을 통해 얻을 수 있다.

Ando, H. (1977). Training autistic children to urinate in the toilet through operant conditioning techniques. *Journal of Autism and Childhood Schizophrenia, 7*, 151-163.

Azrin, N. H., Bugle, C., & O'Brien, F. (1971). Behavioral engineering: Two apparatuses for toilet training retarded children. *Journal of Applied Behavior Analysis, 4*, 249-253.

Azrin, N. H., & Foxx, R. M. (1971). A rapid method to toilet training the institutionalized retarded. *Journal of Applied Behavior Anxiety, 4*, 89-99.

Baker, B. L., & Brightman, A. J. (1997). *Steps to Independence: Teaching Everyday Skills to Children with Special Needs*. Baltimore: Paul H. Brookes Publishing Co.

Barton, E. S. (1975). Behaviour modification in the hospital school for the severely subnormal. In C. C. Kiernan and F. P. Woodford (Eds.), *Behavior Modification with the Severely Retarded*. Amsterdam: Scientific Publishers.

Bettison, S. (1978). Toilet training the retarded: Analysis of the stages of development for designing programs. *Australian Journal of Mental Retardation, 6*, 95-100.

Butler, R. J. (2001). Combination therapy for nocturnal enuresis. Scand J Urol Nephrol, 35, 364-369.

Butler, R., & Sternberg, A. (2001). Treatment of childhood nocturnal enuresis: An examination of clinically relevant principles. *BJU International, 88*, 563-571.

Cicero, F. R., & Pfadt, A. (2002). Investigation of a reinforcement-based toilet training procedure for children with autism. *Research in Developmental Disabilities, 23*, 319-331.

Cossio, S. E. (2002). Enuresis. *Southern Medical Journal, 95*, 183-187.

Ellis, N. R. (1963). Toilet training the severely defective patient: An S-R reinforcement analysis. *American Journal of Mental Deficiency, 68*, 98-103.

Evans, J. (2001). Evidence based management of nocturnal enuresis. *BMJ, 323*, 1167-1169.

Fera, P., dos Santos Lelis, M., de Quadros Glashan, R., de Paula Nogueira, M., & Bruschini, H. (2002). *Urologic Nursing, 22*, 257-262.

Foxx, R., & Azrin, N. H. (1973). *Toilet Training the Retarded: A Rapid Program for Day and Nighttime Independent Toileting.* Illinois: Research Press.

French, L. (2002). Is alarm intervention effective in the treatment of enuresis? *American Family Physician, 65*, 1798-1799.

Giles, D. K., & Wolf, M. (1966). Toilet training institutionalized severe retardates: An application of operant behavior modification techniques. *American Journal of Mental Deficiency, 70*, 766-780.

Goin, R. P. (1998). Nocturnal enuresis in children. *Child: Care, Health and Development, 24*, 277-288.

Hundziak, M., Maurer, R., & Watson, L. (1965). Operant conditioning in toilet training severely mentally retarded boys. *American Journal of Mental Deficiency, 70*, 120-124.

Jensen, I. N., & Kristensen, G. (2001). Frequency of nightly wetting and the efficiency of alarm treatment of nocturnal enuresis. *Scand J Urol Nephrol, 35*, 357-363.

Kimbrell, D., Luckey, R., Barbuto, P., & Love, J. (1967). Operation dry pants: An intensive habit-training program for severely and profoundly retarded. *Mental Retardation, 5*, 32-36.

Lancioni, G. (1980). Teaching independent toileting to profoundly retarded deaf-blind children. *Behavior Therapy, 11*, 234-244.

Levine, M. N., & Elliot, C. B. (1970). Toilet training for profoundly retarded with a limited staff. *Mental Retardation, 8*, 48-50.

Mahoney, K., Van Wagenen, R. K., & Meyerson, L. (1971). Toilet training of normal and retarded children. *Journal of Applied Behavior Analysis, 4*, 173-181.

Marholin, D., Luiselli, J., & Townsend, N. (1980). Over-correction: Examination of its rationale and treatment effectiveness. In M. Hersen, R. M. Eisler and P. M. Miller (Eds.), *Progress in Behavior Modification* (vol. 9). New York: Academic Press.

McCartney, J., & Holden, J. (1981). Toilet training for the mentally retarded. In J. Matson and J. McCartney (Eds.), *Handbook of Behavior Modification with the Mentally Retarded.* (pp. 29-60). New York: Plenum Press.

Robson, L. M., & Leung, A. (2000). Secondary Nocturnal Enuresis. *Clinical Pediatrics, 39,* 379-386.

Rogers, J. (2002). Assessing and treating children with bedwetting. *Primary Health Care, 12,* 27-31.

Sadler, O. W., & Merkert, F. (1977). Evaluating the Foxx and Azrin toilet training procedure for retarded children in a day training center. *Behavior Therapy, 8,* 499-500.

Sadovsky, R. (2002). Treating nighttime enuresis in children: A best practice. *American Family Physician, 65,* 690-691.

Smith, P. (1979). A comparison of different methods of toilet training the mentally handicapped. *Behaviour Research and Therapy, 17,* 33-43.

Smith, P. S., Britton, P. G., Johnson, M., & Thomas, D. A. (1975). Problems involved in toilet training profoundly mentally handicapped adults. *Behaviour Research & Therapy, 15,* 301-307.

Smith, P. S., & Smith, L. J. (1987). *Continence and Incontinence: Psychological Approaches to Development and Treatment.* London: Croom Helm.

Tierney, A. J. (1973). Toilet training. *Nursing Times, 20,* 1740-1745.

Van Wagenen, R., Meyerson, L., Kerr, N., & Mahoney, K. (1969). Rapid toilet training: Learning principles and prosthesis.

Proceedings of the Annual Convention of the American Psychological Association, 4, 781-782.

Wright, L. (1973). Handling the encopretic child. Professional Psychology, 4, 137-144.

Wright, L. (1975). Outcome of a standardized program for treating psychogenic encopresis. *Professional Psychology, 6*, 453-456.

Toilet Training Success

10

부 록

부록에는 몇 가지 기록지의 예시와 이 책에서 제시한 절차가 자세히 소개되어 있는 배변 훈련 계획서가 있다. 개별화된 배변 훈련 계획을 짤 때 이를 활용하면 된다.

소변 훈련 기록지

이름: _____

기록 기준: U = 소변   B = 대변   N = 없음

셋 중 하나로 기록

날짜	장소	선생님	시간	실수	스케줄	스스로 표현

부록 2

대변 훈련 기록지

이름: _____ 구분: 기초선 치료

배변 시마다 다른 칸에 기록하세요.

자료 수집 기간: _____부터 _____까지

날짜	시간	장소	농도	부적절한 행동	의견

소변 훈련 프로그램

이름: 존 스미스(John Smith)

날짜: 2011년 5월 1일

프로그램의 실시: Eden II 취학 전 프로그램(종일)

집에서 부모가 시행(적어도 하루에 2시간)

세부 프로그램

준비:

① 모든 훈련은 학교 내 학생 화장실과 가정 내 화장실에서 한다. 촉진은 즉시 한다. 가능한 한 화장실에 아무도 없으면 좋다. 훈련에 필요한 물건이 담긴 카트를 학교 화장실에 둔다. 가지고 놀 만한 것들은 집 화장실에 둔다.

② 존은 훈련 내내 셔츠와 양말 그리고 팬티만 입는다.

③ 변기에 소변을 누면 강화물을 받는다. 이 강화물은 훈련 이외의 시간에는 받을 수 없다.

④ 아침에 존이 다양한 음료를 충분히 마시도록 한다. 점심 이후에는 이를 점차 줄인다.

⑤ 존의 손이 닿는 곳에 그림교환 의사소통 체계(picture exchange communication system: PECS)를 준비한다. 화장실 카드는 의사소통 책 안에 붙여 준다.

⑥ 학교 수업은 빠짐없이 참여하도록 하고 치료사는 계속해서 배변 훈련

에 신경을 쓰면서 존의 속옷 상태를 살핀다. 집에서는 다양한 놀이를 하도록 한다.

배변 스케줄:

① 존이 30분 간격으로 화장실에 가도록 촉진한다. 언어적 촉진은 하지 않고 신체적 촉진은 점차적으로 줄인다. 화장실에 가도록 촉진하면 존은 팬티를 내리고 변기에 앉는데, 앉아 있는 시간은 3분을 넘지지 않도록 한다.

② 화장실을 가도록 촉진하기 바로 전에 화장실 카드(존의 그림 교환 책에 있음)를 떼어 치료사에게 주도록 촉진한다. 치료사는 차분한 목소리로 "그래, 화장실에 가려고 하는구나. 가자."라고 말한다. 지시를 하지 말고 존의 요구에 반응한다(촉진을 했다고 하더라도).

③ 어떠한 형태의 언어적 촉진도 하지 않는다.

④ 존이 변기에 소변을 누기 시작하면 끝까지 누고, 일어선 뒤 물을 내리고 팬티를 입을 때까지 칭찬을 해야 한다. 동시에 존이 선택한 강화물도 함께 제공한다. 칭찬은 구체적으로 한다("변기에서 소변을 정말 잘 보는구나!").

⑤ 강화물이 주어진 후에 손을 씻게 한다.

⑥ 3분 이내에 소변을 보지 않으면 변기에서 일어나도록 촉진한다. 존이 소변을 보고 싶어 하는 것처럼 보여도 이대로 시행한다. 그리고 "소변을 보고 싶지 않구나."라고 말한다.

실수 정정:

① 훈련 기간 내내 치료사는 존의 팬티가 젖었는지를 주의 깊게 살펴야 한다.

② 팬티가 젖기 시작하면 순간적으로 소변을 멈추도록 존을 '깜짝' 놀라게 한다. "얼른얼른 변기에 가서 해야지!"와 같은 말을 크고 갑작스러운 어조로 하면서 바로 신체적 촉진을 하여 화장실에 데려간다.

③ 이 때에는 그림 카드 교환을 하지 않는다.

④ 치료사의 어조는 깜짝 놀라게 하는 것이지, 혼을 내는 것이어서는 안 된다. 이 과정은 훈육이 아니다.

⑤ 바로 아이를 변기에 앉히고 차분한 목소리로 소변을 보라고 말한다.

⑥ 3분 이내에 소변을 보면 앞서 언급한 것처럼 강화물을 준다.

⑦ 3분 이내에 소변을 보지 않으면 변기에서 일어나도록 하고 위의 ⑥에 제시된 절차를 따른다.

자료 수집:

배변 훈련 기간 동안 다음의 자료를 수집한다.

① 소변을 보고 싶다고 자발적으로 표현한 빈도

② 실수가 발생한 빈도

③ 스케줄대로 소변 보기에 성공한 확률

자료 검토:

자료는 매일 그래프화하고 검토한다. 필요하다면 강화와 스케줄을 수정한다.

스케줄의 점진적 제거를 위한 계획:

① 자발적으로 화장실에 가겠다고 요구를 하면 스케줄을 점차적으로 없앤다.

② 화장실 내에서는 점차적으로 스케줄을 제거하더라도 절차는 동일하게 유지한다.

③ 음료를 지나치게 많이 섭취하지 않도록 한다.

④ 옷을 전부 다 입힌다.

점진적 둔감화를 적용한 대변 훈련 프로그램

이름: 로버트 ***(Robert ***)

날짜: 2002년 10월 1일

나이: 7세

프로그램 실시자: Eden II 가족 서비스의 자문을 받아 로버트의 부모님이
시행

증가시키고자 하는 행동:

변기에서 대변 보기

감소시키고자 하는 행동:

대변 실수

목표 행동의 기초선 결과:

현재 로버트는 대변을 변기에서 누지 않고 기저귀에 싸고 있음

프로그램 계획의 설명:

1) 다음의 이슈를 감안하여 치료 계획을 세운다.

　① 집에서는 불순응 문제가 많지 않다.

　② 학교에서는 대변을 보지 않는다.

　③ 기저귀를 차고 있을 때에만 대변을 본다. 현재 학교에서는 기저귀를

차지 않고 집에 도착하자마자 기저귀를 찬다. 기저귀를 차기 전까지
는 대변을 보지 않는다.

④ 기저귀를 차야 하는 것 외에 대변을 볼 때 다른 의식적 패턴은 없다.

⑤ 어느 정도 규칙적인 스케줄에 맞춰 대변을 본다.

⑥ 변기에 앉도록 강요하면 의학적인 개입이 필요할 때까지 대변을 참
는다. 더 점진적인 계획이 필요하다.

⑦ 스케줄에 따른 배변 훈련은 완료했다.

2) 로버트가 대변을 볼 확률이 가장 높은 시간에 대한 자료를 수집한다.
자료에 근거하여 치료 기간의 시작 시기를 결정한다. 자료에 따르면
학교에서 돌아와 기저귀를 차고 난 뒤 15분 후에 대변을 볼 확률이
가장 높다.

3) 대변을 볼 확률이 가장 높은 시간인 귀가 15분 후에 화장실에 가도록
촉진한다. 처음에는 화장실에서 기저귀를 찬 상태로 대변을 보도록 지
시하며 아이에게 익숙한 용어를 사용한다. 화장실에서 기저귀에 대변
을 볼 때까지 촉진을 한다.

4) 대변을 보면 구체적인 칭찬을 많이 한다("너가 화장실에서…… 정말정말
잘했어!"). 다른 시간에는 가지지 못했던 강화물을 즉각적으로 제공한
다. 이 단계에서는 변기에 앉도록 촉진하지 않는다.

5) 대변을 보는 것에 성공하면 다음으로 대변을 볼 확률이 높은 시간까지
혹은 잠들기 전까지 기저귀를 차지 않는다.

6) 화장실에서 기저귀에 대변을 보지 않으면 기저귀를 벗기고 화장실에서
나오게 한다. 15분 후에 다시 일과를 시작한다.

7) 대변을 적절하게 보았을 때(목표에 맞게)와 실수를 했을 때 모두 자료를
수집한다. 로버트가 기저귀에만 대변을 보기 때문에 실수를 할 가능성

은 없다.

8) 로버트가 오랫동안 대변을 보지 않고 참으면 프로그램을 중단하고 수정해야 한다.

9) 화장실 내에서 기저귀를 차고 일관되게 대변을 보면 다음 단계로 넘어 간다. 기저귀를 차지 않고 변기에서 적절하게 대변을 볼 때까지 목표를 점진적으로 증가시킨다. 단계의 예시는 다음과 같다.

① 기저귀를 찬 상태로 화장실에서

② 기저귀를 찬 상태로 변기에 앉아서(시트가 올려져 있거나 내려져 있음)

③ 기저귀의 양 옆의 테이프를 붙이지 않은 상태로 변기에 앉아서

④ 기저귀를 펼쳐 놓은 상태로 변기에 앉아서

⑤ 무릎 위에 기저귀를 올려놓은 상태로 변기에 앉아서

⑥ 엄마가 기저귀를 들고 있을 때 변기에 앉아서

⑦ 기저귀 없이 변기에 앉아서

10) 즉시 변기에 앉혀야 할 때를 제외하고는 화장실에서 로버트와의 상호 작용을 최소화한다. 로버트가 좋아하는 음악이나 장난감 하나를 가져 가는 것은 괜찮다.

프로그램을 위한 준비물:

① 기저귀

② 다른 시간에는 허락되지 않는 강력한 강화물

③ 기록할 수 있는 장소

프로그램 실행 시 발생 가능한 문제:
장기간 동안 대변을 참을 가능성

자료를 통해 건강상의 문제가 될 만큼 대변을 참는 시기를 파악한다. ○○
○의 재량으로 프로그램을 중단하거나 수정한다.

부록 5

강화와 반응대가를 포함한 대변 훈련 절차

이름: 존 스미스

날짜: 2011년 5월 1일

배경 정보 및 목표: 존은 정상 발달을 하는 네 살 남아로 어려움 없이 소변 훈련을 마쳤다. 현재 존은 스스로 화장실에서 소변을 볼 수 있다. 전에는 변기에서 대변을 보았으나 올해 3~4월에 위장장애를 겪은 후 퇴행이 일어나 현재는 팬티나 기저귀에 대변을 본다. 목표는 존이 스스로 대변을 보러 화장실에 가거나 가겠다고 요청을 하는 것이며 대변 실수를 없애는 것이다.

자료 분석: 2주간 수집한 기초선 자료에 의하면 존의 배변 활동은 굉장히 규칙적이다. 보통 존은 오후나 저녁에 대변을 본다. 대변이 묽은 편이긴 하나 정상 범위에 속한다.

제안:

존의 나이와 전에 대변을 가릴 수 있었던 점을 고려할 때 본 제안은 강도가 높지 않으며 거의 제한적이지 않은 편이다. 몇 주 안에 성공하지 못하면 더 강도 높고 제한적인 프로그램을 시행해야 한다.

• 낮에는 기저귀를 차고 있지 말아야 한다. 자는 동안 침대에 소변을 본다면 자는 동안에만 배변 훈련용 기저귀를 차도 된다.

• 존은 정상 발달 아동이므로 문서로 된 계약서에 기대사항과 배변에 따르는 결과(긍정적인 것과 부정적인 것 모두)를 명확하게 제시한다.

- 변기에서 대변을 보았을 때 제시할 매우 강력한 강화물을 선택하고 다른 시간에는 존에게 강화물을 주지 않는다.
- 계약서는 존이 이해할 수 있는 언어로 작성해야 하며 변기에서 대변을 보면 강화물을 제공해야 한다.
- 또한 계약서상에 존이 실수를 했을 때 장난감 한 가지를 잃게 될 것이라고 분명하게 명시해야 한다. 이러한 처벌 요소는 필요할 수도 있고 그렇지 않을 수도 있다. 우선은 계약서에 정적 강화 요소만 넣고 성공을 하지 못하면 그 때 처벌 요소를 추가해도 좋다.
- 오후에 존을 변기로 데려가 대변을 보도록 한다. 일반적으로 대변을 보는 시간보다 10분 일찍 변기에 데려가 앉힌다.
- 변기에 10분간 앉혀 두고 계약서를 보여 주며 무엇을 해야 하고 그 결과로 무엇을 얻을 수 있는지를 설명해 준다. 어떠한 형태든지 대변을 보면 강화물을 제공한다.
- 10분 후, 10분 동안 변기에서 내려와 있도록 촉진한다. 계약서를 보여 주고 실수를 하면 어떤 것을 잃게 될 것인가에 대해 설명해 준다. 실수를 하면 존이 치우는 것을 도와야 하고 계약서에 나와 있는 대로 벌을 받는다.
- 실수를 하지 않는다면 10분 후 다시 변기에 앉힌다. 변기에 대변을 보거나 실수를 할 때까지 이를 반복한다.
- 다른 프로그램으로 변경할 때까지 몇 주에 걸쳐 매일 일관되게 이 프로그램을 시행한다.
- 존은 매일 대변을 보기 때문에 대변을 참아 변비가 될 수 있고 따라서 계획을 수정해야 할 수 있다. 변비가 생기면 추후 배변 활동에 저항이 생길 수 있다.

자료 수집:

자료는 존이 대변을 보는 매일 수집해야 한다. 기초선 때 사용했던 기록지를 치료 기간에도 동일하게 사용한다.

부록 6

의학적 촉진을 이용한 대변 훈련 절차

이름: 존 스미스
목표: 대변 훈련
날짜: 2011년 5월 1일

기초선 검토:

2주간 기초선을 측정했다. 존의 배변 활동은 불규칙적인데 하루에도 여러 차례 조금씩 변을 보다가 며칠씩 건너뛰기도 한다. 부모의 보고에 의하면 변의 농도는 평균보다 약간 무른 편이긴 하나 보통 수준이다. 존은 촉진을 하면 변기에서 대변을 보는데 촉진하지 않으면 팬티나 기저귀에 변을 본다. 비일관적인 배변 때문에 부모는 좌약과 관장을 자주 사용한다. 존의 소아과 의사는 배변 활동과 관련하여 의학적인 문제는 없다고 하였다.

목표:

성공적인 배변 훈련을 위해서는 규칙적인 배변이 선행되어야 한다. 배변 훈련은 변기로 가도록 촉진하는 것과 성공 시 정적 강화, 좌약과 관장제의 사용을 결합하여 시행한다. 훈련을 시작하면 매일 시행하도록 한다.

보호 조치:

훈련을 시작하기 전에 계획에 대해 존의 소아과 의사로부터 검토, 조언과 승인을 받아야 한다. 좌약과 관장제의 적절한 용량에 대한 지침도 필요하다.

준비:

- 기초선을 보면 존은 오후보다는 오전에 대변을 자주 본다. 가족들에게
는 오후에 프로그램을 진행하는 것이 더 현실적이지만 존의 생리학적인
패턴을 고려하여 오전 시간에 진행하도록 한다.
- 특정한 시간대가 결정되면 가능한 한 매일 같은 시간에 진행하도록
한다.
- 강력한 강화제가 필요하다. 다른 시간에는 존이 그것을 갖지 못하도록
해야 한다. 화장실에 가지고 들어갈 수 없는 물건이라면 사진을 가지고
들어간다.
- 배변과 관련하여 가족들이 존에게 하는 말을 알아듣지 못하면 변의 사
진을 찍어야 한다. 어떤 아이들은 변기에서 소변을 보라고 하는 것으로
이해하여 변기에 앉았을 때 대변 대신 소변을 보려고 한다.

절차:

- 매일 존을 변기로 데려가 변을 보라고 말한다. 무엇을 하라고 하는지 이
해하지 못한다면 변 사진을 보여 준다.
- 배변에 성공하면 변(혹은 변 사진)을 존에게 보여 준다.
- 충분한 양의 변을 볼 때까지 혹은 10분이 될 때까지 변기에 앉힌다. 아
주 조금만 누었다면 계속 앉아서 변을 보라고 말한다.
- 충분히 많은 양의 변을 보면 큰 칭찬과 함께 상을 준다. 닦고 씻는 행동
을 오래 끌어 아이가 그 과정을 혐오적으로 받아들이는 일이 생기지 않
도록 조심한다. 계획은 이걸로 끝이다.

- 변을 조금만 누었거나 10분이 지나도 전혀 변을 보지 않았다면 상을 주지 않고 변기에서 내려오게 한다.
- 10분 후 다시 변기에 앉힌다. 위의 절차를 반복한다.
- 변을 보지 않으면 "자, 그럼 엄마가 조금 도와줄게."라고 말하고 변기에서 내려 좌약을 넣는다.
- 10분 후 다시 변기에 앉힌다. 위의 절차를 반복한다.
- 변을 보지 않으면 10분의 휴식을 취한 후 네 번째로 변기에 앉힌다. 위의 절차를 반복한다.
- 변을 보지 않으면 "자, 이제 변을 봐야 해. 엄마가 하게 해 줄게."라고 말하고 관장을 한 뒤 변을 완전히 다 볼 때까지 변기에 앉아 있게 한다.
- 관장 후에는 변을 보아도 상을 주지 않는다. 변기에서 내려오게 한 후 "내일 다시 해 보자. 스스로 변을 보면 ○○를 줄게."라고 말한다.

자료 수집:
- 훈련은 존의 소아과 의사의 보호 조치와 지침에 근거하여 매일 시행해야 한다.
- 자료는 변기에 앉은 시간, 성공/실패 여부, 좌약 및 관장의 필요를 매일 기록한다.

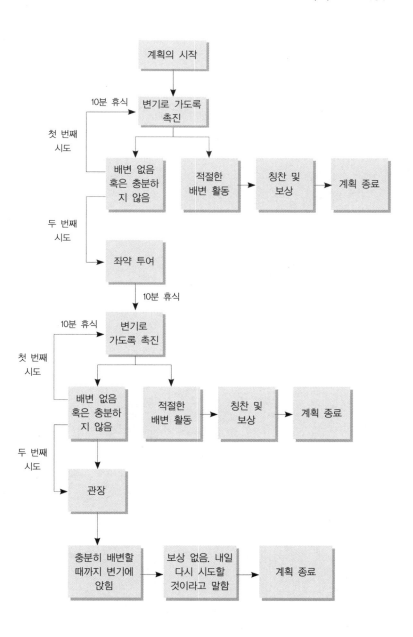

찾아보기

Frank Cicero, PhD, BCBA

　　미국 뉴욕 면허심리학자이며 응용행동분석과 자폐스펙트럼장애 분야에서 16년간 일해 온 행동분석전문가(BCBA)다. St. John's University에서 학교심리학으로 석사학위를 받았고, City of New York Graduate Center에서 교육심리학으로 박사학위를 받았다. 현재 Eden II 프로그램 (뉴욕 지역의 자폐스펙트럼장애 아동 및 청소년에게 응용행동분석 서비스를 제공하는 에이전시)의 심리학 서비스 책임자로 근무하고 있다. 또한 응용행동분석 분야의 대학원 강의, 응용행동분석 및 발달장애와 관련한 다양한 분야의 워크숍을 진행하며 관련 자문 서비스를 제공하고 있다.

역자 소개

정경미(Kyong-Mee Chung)

연세대학교 및 동 대학원 심리학과 졸업(임상심리학 석사)
하와이 대학교 임상심리학 박사
존스홉킨스 대학교 부설 케네디크리거센터 박사후 과정
미국 면허심리학자(뉴욕 주) 및 미국 행동분석전문가(BCBA-D)
임상심리전문가 및 정신보건 임상심리사 1급
현 연세대학교 심리학과 교수

〈저서 및 역서〉
『자폐장애』(공저, 학지사, 2011)
『잘 안 먹는 우리 아이 다루기』(공역, 시그마프레스, 2009)
『잘 안 자는 우리 아이 다루기』(공역, 시그마프레스, 2009)
『자폐증 치료를 위한 ABA 프로그램』(공역, 학지사, 2013)
『충동과 자기관리』(공역, 박학사, 2015) 외 다수

신나영(Na-Young Shin)

연세대학교 및 동 대학원 심리학과 졸업(임상심리학 석사)
서울특별시어린이병원 행동치료실 행동치료사
미국 행동분석전문가(BCBA)
현 한국ABA행동발달연구소 책임연구원

〈역서〉
『응용행동분석(하)』(공역, 시그마프레스, 2015)

배변 훈련
-발달장애아를 위한 배변 훈련 가이드-

Toilet Training Success
-A Guide for Teaching Individuals with Developmental Disabilities

2016년 9월 5일 1판 1쇄 발행
2025년 1월 20일 1판 6쇄 발행

지은이 • Frank Cicero
옮긴이 • 정경미 · 신나영
펴낸이 • 김 진 환

펴낸곳 • (주) **학지사**

04031 서울특별시 마포구 양화로 15길 20 마인드월드빌딩 5층
대표전화 • 02) 330-5114   팩스 • 02) 324-2345

등록번호 • 제313-2006-000265호

홈페이지 • http://www.hakjisa.co.kr
인스타그램 • https://www.instagram.com/hakjisabook

ISBN 978-89-997-1052-0   93370

정가 **13,000원**

출판미디어기업 **학지사**

간호보건의학출판 **학지사메디컬** www.hakjisamd.co.kr
심리검사연구소 **인싸이트** www.inpsyt.co.kr
학술논문서비스 **뉴논문** www.newnonmun.com
원격교육연수원 **카운피아** www.counpia.com
대학교재전자책플랫폼 **캠퍼스북** www.campusbook.co.kr